Taschen mit Stil

Stephanie Kimura

OZ creativ

Dank

Dieses Buch habe ich für Sie gemacht, liebe Leserin und lieber Leser! Ich hoffe sehr, dass es Sie zum kreativen Gestalten von immer neuen, trendigen Taschen anregt. Ich möchte mich bei Christine Townsend bedanken, meiner Lektorin, die bei der Gestaltung dieses wundervollen Buches über sich selbst hinauswuchs. Auch dem Krause-Team gilt mein Dank (vor allem der Lektorin Maria Turner, der Grafikerin Marilyn McGrane, den Fotografen Bob Best und Kris Kandler, der Vertriebsleiterin Brenda Mazemke, der Einkäuferin Julie Stephanie und dem Umbruch-Designer Jan Wojtech). Darüber hinaus danke ich: Sandra Millett sowie meinen Schülerinnen und Schülern, die mir ständig Neues zeigen; Pat und Mark vom Nähstudio und all den Unternehmen, die mir alles besorgt haben, was ich brauchte.

Impressum

Die amerikanische Originalausgabe erschien 2004 bei Krause Publications, F+W Publishing Company, Iola, Wisconsin, USA, unter dem Titel *Bags with Style*.

Lektorat: Christine Townsend und Maria Turner
Grafik: Marilyn McGrane und Jan Wojtech

Rechte der deutschen Ausgabe:
OZ Verlag GmbH, Rheinfelden
Buchverlag OZ creativ, Freiburg i.Br.
© 2005 by OZ Verlag GmbH
Übersetzung: Elisabeth Liebl
Redaktion: Erika Schuler-Konietzny
Herstellung: Mario Hühn
Satz: art und weise, Freiburg
Gedruckt in Hongkong

ISBN 978-3-89858-811-9 (gültig ab 1.1.2007)
ISBN 3-89858-811-4

Auf ein Wort!

Schicke Taschen spielen in meinem Leben seit jeher eine bedeutende Rolle. Das liegt daran, dass ich eine Schwäche für Schuhe habe. Ich weiß nicht, ob es Ihnen so ähnlich geht, aber einzelne Lieblingsstücke haben mich über Jahrzehnte begleitet.
In meiner allerersten Tasche bewahrte ich Lutscher auf und ein paar Pennies für das Pausenbrot. Sie hatte pinkfarbene Griffe, die perfekt zu meinen Schuhen passten. Als ich heranwuchs, wurden meine Taschen allmählich größer und enthielten wichtigere Dinge. Natürlich wurden auch meine Schuhe größer. Als ich 20 wurde, fing ich allmählich an, die Taschen passend zu meinen hohen Absätzen auszusuchen. Nun, die Schuhe mögen ein wenig zahmer geworden sein, meine Taschen aber sind wilder denn je. Ich liebe Taschen: Sie sind schick, einfach zu nähen und man kann immer eine zusätzlich gebrauchen. Die Taschenmodelle in diesem Buch lassen sich vielseitig abwandeln. Ein anderer Stoff, ein anderer Griff, eine andere Farbe – und schon zaubert man aus dem Schnitt für die Wintertasche eine leichte Sommertasche. Natürlich können Sie den Schnitt nach Belieben vergrößern. So wird aus dem Shopper ein elegantes Abendtäschchen oder umgekehrt.
Verschönern Sie Ihre Tasche mit asiatischen Münzen, Glöckchen aus Afrika oder Perlen aus der Türkei. Schenken Sie ihr einen Straußenfedersaum für ein wenig Pariser Flair. Oder verpassen Sie Ihrer Segeltuchtasche ein paar Aufsatztaschen, denn für den Strand kann man nie genügend Stauraum haben.
Was immer die Fantasie Ihnen eingeben mag: Mit Taschen können Sie Ihre verrücktesten Ideen verwirklichen!

Inhalt

Kapitel 1: Was Sie für die Tasche brauchen 6

Kapitel 2: Wie Sie zu Ihrer Lieblingstasche kommen 12

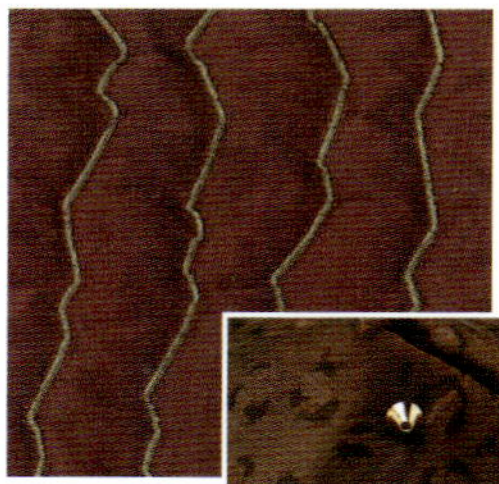

Kapitel 3: Dekor, Verschlüsse und Griffe 18

Kapitel 1

Was Sie für die Tasche brauchen

Bever Sie loslegen

Wahrscheinlich fragen Sie sich jetzt, welche Tasche Sie zuerst machen sollen bzw. welche am besten zu Ihren persönlichen Bedürfnissen passt. Nun die Entscheidung fällt gewöhnlich von selbst: wenn ein bestimmtes Ereignis näher rückt, zu dem man eine Tasche braucht; oder wenn man ein schickes Teil, sei es nun ein toller Griff oder ein paar flippige Knöpfe, im Ausverkauf oder auf dem Flohmarkt erstanden hat.

Sobald Sie eine Tasche gefunden haben, die Sie inspiriert, fangen Sie am besten gleich an, Ihren Fundus an in Frage kommenden Materialien zu durchwühlen: Stoffe, Garne und Dekor. Umgeben von Ihren schönsten Stücken sollten Sie dann das Buch durchblättern: Was könnte zu einer der abgebildeten Taschen passen? Zunächst einmal ist natürlich der Stoff wichtig, aus dem Ihr Lieblingsstück entstehen soll. Wenn Sie ihn der Gelegenheit oder Ihrem übrigen Outfit entsprechend wählen, wird Ihre Tasche das perfekte Accessoire. Natürlich können Sie auch mischen: Baumwolle mit Seide, Pelz mit Leder. Wenn Sie Ihre Tasche als Wendetasche nähen, haben Sie zwei Möglichkeiten, sie zu tragen: innen praktische Baumwolle, außen verführerische Seide.
Natürlich werden Sie die hier abgebildeten Stoffe so nicht bekommen. Doch es geht ja letztlich um Ihren persönlichen Touch. Wählen Sie also Stoffe von ähnlicher Machart und lassen Sie dabei Ihre Fantasie spielen. Organisation ist alles! Lesen Sie, was für eine bestimmte Tasche gebraucht wird und stöbern Sie in Ihrem Nähkorb, was Sie davon schon haben und verwenden möchten. Von allem, was Sie noch kaufen müssen, machen Sie am besten eine Liste. Beschäftigen Sie sich vorher ausführlich mit den Möglichkeiten, die Sie haben, ob es nun um Garne geht oder um Einlagen. Wenn Sie nicht sicher sind, ob beides zum gewählten Stoff passt, nähen Sie ein Probestück.
Checken Sie, ob Ihre Nähmaschine in Ordnung ist. Reinigen und ölen Sie sie, wenn nötig. Prüfen Sie die Fadenspannung. Achten Sie darauf, dass Sie den richtigen Fuß und die richtigen Nadeln für Ihre Tasche bereit haben. Einen Geradstichfuß und einen Zickzack-Fuß sollten Sie immer griffbereit haben. Wenn Sie mit Ihrer Maschine sticken können, erweitern Sie Ihre Möglichkeiten ganz erheblich. Ist dies nicht der Fall, nähen Sie mit Steppstich Ecken statt Kurven. Darüber hinaus brauchen Sie Stecknadeln, Nähnadeln, einen Pfeiltrenner, Schneiderkreide, selbstentfernenden Markierstift und ein Maßband. Für den Zuschnitt benötigen Sie eine gute, scharfe Schneiderschere oder einen Rollschneider. Auch ein Kopierrädchen ist sehr nützlich. Unentbehrlich ist außerdem ein gutes Bügeleisen mit Teflonbeschichtung. Mit Hilfe eines Schlaufenwenders (oder einer Sicherheitsnadel) können Sie enge Schlaufen gut wenden. Sehr praktisch ist auch ein Bügeltuch aus Teflon bzw. ein Mini-Bügeleisen.

Ein handbemalter Seidenschal gibt eine einzigartige Tasche.

Stoffe

Die Auswahl an Stoffen ist heute so vielfältig, dass man sich wohl oder übel der Qual der Wahl unterziehen muss. Dazu ein paar Tipps: Das Tolle an Taschen ist, dass Sie bei der Stoffwahl nicht so sehr auf Waschbarkeit achten müssen. Trotzdem sollten Sie sich eine Notiz machen, damit Sie die Taschen im Notfall waschen können. Wollen Sie sie häufig verwenden, sollte der Stoff möglichst pflegeleicht sein. Läuft der Stoff ein, müssen Sie ihn vor der Verarbeitung vorwaschen.

Baumwolle

Baumwollstoffe gibt es in vielen Farben und Qualitäten. Sie lassen sich leicht zuschneiden und verarbeiten. Wird Ihre Tasche wegen häufigen Gebrauchs öfter gewaschen, waschen Sie den Stoff vor der Verarbeitung.

Seide

Seidenstoffe glänzen leicht. Es gibt sie in vielen Qualitäten, vom durchscheinenden Chiffon bis zur dickeren Dupionseide. Waschen Sie sie vor, um späteres Einlaufen zu vermeiden. Chemische Reinigung empfehlenswert.

Leinen

Leinen ist locker gewebt und knittert daher leicht, wenn es nicht gefüttert ist. Der Stoff lässt sich waschen, sollte aber besser chemisch gereinigt werden.

Polyester und Mischgewebe

Diese Stoffe sind am vielseitigsten, weil sie so pflegeleicht sind. Sie laufen beim Vorwaschen kaum ein.

Viskose/Reyon

Viskose kommt in Woll-, Baumwoll- oder Seidenoptik daher. Sie kann problemlos gewaschen und gebügelt werden. Je nach Machart der Tasche empfiehlt sich trotzdem die Reinigung.

Gobelin

Gobelin ist locker gewebt und sollte daher immer mit Einlage verarbeitet werden. Er muss auf jeden Fall in die Reinigung.

Samt und Baumwollsamt

Beide Stoffe haben einen Strich, was beim Zuschnitt beachtet werden muss. Beide müssen in die Reinigung und können nur auf der linken Seite gebügelt werden.

Webpelz

Auch der Webpelz hat einen Strich. Alle Einzelteile müssen in derselben Strichrichtung verarbeitet werden. Der Webpelz muss in die Reinigung.

Leder und Wildleder

Beides ist aus Tierhaut und muss in die Reinigung.

Velours

Einzelne Veloursstoffe sehen aus wie Wildleder, sind jedoch waschbar. Ein tolles Material für Fransen und Applikationen.

Diese Stoffe verwenden wir für unsere Lieblingstaschen.

Einlagen

Einlagen sind wichtig, wenn Ihre Tasche gut aussehen soll. Am besten eignen sich Vlies-Einlagen verschiedener Dicke, je nachdem, was Sie damit erreichen wollen. Sie können die Einlagen aufnähen oder vor dem Nähen aufbügeln, was letztlich die einfachere Lösung ist.

Beim Quilten, einer Technik, die im Buch häufig vorkommt, näht man einen Oberstoff, eine Einlage und einen Futterstoff aufeinander und setzt die Einzelteile erst danach zusammen.

Mit Einlagen stabilisieren Sie Ihre Tasche.

Einlagen gibt es zum Aufnähen und zum Aufbügeln in verschiedener Qualität und Dicke.

Baumwolleinlagen

Wenn Sie ein Baumvollvlies wählen, müssen Sie auf verschiedene Dinge achten: Weichheit, Stärke, Farbe und die Tatsache, ob das Vlies vorgewaschen werden muss. Der wichtigste Punkt ist im Allgemeinen die Stärke. Legen Sie also zuerst fest, wie dick die Tasche „gepolstert“ sein soll. Wenn Sie Baumwollvlies zum Einnähen benutzen, müssen Sie es mit dem Ober- und Futterstoff vernähen, damit es durch Waschen oder täglichen Gebrauch nicht verrutscht, was hässliche Knoten gibt. Von der Stärke wiederum hängt es ab, wie gut die Einlage verarbeitet werden kann und wie steif die Tasche wird.
Baumwolle läuft ein. Rechnen Sie also mit Zugabe. Für einen „gepolsterten“ Look sollten Sie die Stofflagen zusammennähen und das fertige Stück waschen, bevor Sie sich an den Zuschnitt machen. Das so behandelte Stück muss größer sein als die Schnittteile der Tasche. Außerdem ziehen auch die Nähte das Teil zusammen. Je mehr Nähte, desto mehr Zugabe brauchen Sie. Wollen Sie hingegen ein möglichst glattes Stück, waschen Sie alle Stofflagen einzeln, bevor Sie sie zusammennähen. Beachten Sie die Angaben des Stoffherstellers, bevor Sie sich an die Arbeit machen.

Seideneinlagen

Dieser luxuriöse Einlagenstoff kann in einzelne Lagen getrennt werden. So bestimmen Sie über die Dicke der Einlage. Seideneinlagen sind gewöhnlich nur in Weiß erhältlich und müssen nicht vorgewaschen werden. Sie werden in 5–7 cm Abstand gequiltet und können in der Maschine gewaschen werden.

Polyestereinlagen

Auch Polyestereinlagen sind in allen möglichen Weichheitsgraden und Stärken erhältlich. Sie müssen nicht vorgewaschen werden. Für kleinere Stücke muss die Einlage angeheftet und aufgenäht werden, bevor Sie sich ans Zusammennähen der Teile machen. Ansonsten gilt für Polyestereinlagen dasselbe wie für Baumwollvliese.

Längsverstärktes Vlies

Dies ist eine neue superweiche Vlieseline, die mit eingewebten Längsfäden verstärkt ist. Dadurch erhalten Sie eine besonders geschmeidige Einlage, die trotzdem stabil bleibt. Beachten Sie beim Zuschneiden, dass der Fadenlauf des Gewebes parallel zu den Längsfäden verläuft.

Vliese zum Aufbügeln

Wie der Name schon sagt, werden solche Vliese einfach auf den Stoff gebügelt. Dadurch entfällt das zeitaufwändige Anheften und Festnähen der Vliese. Achten Sie darauf, dass die Vliese immer nur auf der linken Stoffseite aufgebügelt werden. Bevor die Vliese aufgebügelt werden, müssen Sie dafür sorgen, dass der Stoff nicht mehr eingeht, d.h. er muss vorgewaschen sein. Richten Sie sich bei der Wahl des Vlieses nach der Optik, die Sie erzielen wollen, und nach den Pflegehinweisen der Stoffhersteller. Haben Sie das richtige Vlies gewählt, schneiden Sie es so zu, dass es exakt auf die bereit gelegten Schnittteile passt. Keinesfalls darf es überstehen, weil die Haftmasse das Bügeleisen verschmutzt. Halten Sie sich beim Aufbügeln genau an die angegebene Bügeltemperatur und Dauer. Muss eine Einlage mit Dampf aufgebügelt werden, benutzen Sie ein feuchtes Tuch, das Sie über die Einlage legen. Nur so löst sich die Haftmasse wie vorgesehen. Bügeln Sie das Tuch trocken. Dampfbügeleisen sind für das Aufbügeln nicht geeignet, da der Dampfaustritt nicht gleichmäßig ist.

Verschiedene Einlagen

Gewebe-Einlagen

Sie eignen sich besonders gut für weiche und dünne Stoffteile, werden ansonsten aber behandelt wie Vliese. Im Fadenlauf verarbeitet, geben sie mehr Stabilität, schräg geschnitten hingegen betonen Sie den Fall des Stoffes.

Sprühzeitkleber/ Stoffkleber

Sprühzeitkleber sind eine Zeit sparende Methode, Vliese vor dem Quilten auf dem Stoff zu verankern. Wie der Name sagt, lösen Sie sich nach einer gewissen Zeit von selbst auf. Wenn Sie Stoffkleber verwenden, sollte dieser klar abtrocknen. Sparsam verwenden, damit nichts auf die andere Seite durchschlägt.

Wichtiges Werkzeug: Sprühzeitkleber, Pfeiltrenner, Maßband, Kantenlineal, Markierstift und Nadelkissen.

Nadeln

Bei der Taschen-Herstellung arbeiten wir mit den unterschiedlichsten Stoffen und Garnen. Leichte Stoffe werden mit Nadeln in Stärke 60–70, mittlere mit Nadeln in Stärke 70–80, schwere mit Nadeln in Stärke 90–100 genäht. Wenn Sie Stoffe mit Vlies verstärkt oder stabilisiert haben, müssen Sie daher meist eine stärkere Nadel verwenden. Nadeln, die sich gut für die Verarbeitung von dickeren Stoffen eigenen sind: Stick-, Quilt-, Jeans- und Stoffnadeln.

Besondere Garne erfordern ebenfalls eine spezielle Nadel. Metallfäden zum Beispiel müssen mit einer Spezialnadel für Metallfäden verarbeitet werden. Diese haben ein größeres Nadelöhr, damit der Faden sich nicht aufspleißt. Auch langsameres Nähen und das Herabsetzen der Fadenspannung sind hier nützlich, da Metallgarne nicht so elastisch sind. Testen Sie Ihre Nadeln mit einer Vielzahl von Garnen oder bitten Sie in Ihrem Fachgeschäft um Rat.

Garne

Polyestergarn ist ein wahrer Alleskönner. Es ist elastisch, hochgradig reißfest und in einer Vielzahl von Farben erhältlich. Polyesterfaden eignet sich für Säume ebenso wie für Dekonähte und das Versteppen von Einlagenstoff.

Rayon hat einen seidenähnlichen Schimmer und eignet sich am besten für Deko- und Zickzacknähte sowie Maschinenstickerei. Für Säume hingegen sollten Sie Rayon nicht einsetzen, weil das Garn nicht so belastbar ist wie Polyesterfaden. Stickgarne aus Rayon sind reißfest, bis 95 Grad waschbar und bis Stufe 2 bügelbar.

Metallgarne gibt es in verschiedener Qualität. Es gibt umsponnene Garne, bei denen ein feiner Metallfaden mitläuft, aber auch reine Metallgarne, die flach oder rund gewebt sind. Alle zusammen sorgen sie für einen pfiffigen Schimmer an Ihrem Lieblingsstück.

Multi-Color-Garn zeigt mehrere Farben in einem Faden. Auch hier können Sie großartige Effekte erzielen.

Neon- und nachtleuchtende Garne setzen besondere Akzente. Am besten eignen sich diese für Stickereien und Dekonähte. Aber auch im Zickzackstich entstehen witzige Muster.

Multi-Color-Garne sind als einfaches Nähgarn, aber auch als dickeres Stickgarn erhältlich und können sowohl aus Rayon wie auch aus Polyester bestehen.

Verschiedene Garne aus Polyester und Viskose: Metallic-Garn, Multi-Color-Garn, Glanz-Garn, Effekt-Garn.

Kapitel 2

Wie Sie zu Ihrer Lieblingstasche kommen

Nähtechniken

Freihandsticken

Freihandsticken ist eine der dekorativsten Nähtechniken. Sie kann elegant zurücktreten oder ins Auge fallen – wie Sie wünschen. Kurvige Linien geben Schwung, mit spitzen Winkeln können Sie die Aufmerksamkeit des Betrachters auf einen bestimmten Punkt lenken. Auch Schriftzüge lassen sich so gestalten. Außerdem hat das Sticken den Vorteil, dass Sie so Oberstoff, Einlage und Futterstoff unauffällig vernähen können, ohne hierbei auf dekorative Elemente verzichten zu müssen.

Für das Freihandsticken brauchen Sie die richtige Nähmaschine. Zunächst einmal muss sie die Möglichkeit bieten, das Füßchen auszutauschen. Sie brauchen einen Stick-, Stopf- oder Quiltfuß. Achten Sie darauf, welche Schaftform Ihr Modell braucht. Außerdem müssen Sie den Transporter außer Betrieb setzen können, damit Sie den Stoff nach Ihren Vorstellungen bewegen können. Es gibt sogar Extra-Nähfüße für das Freihandsticken.

Beim Freihandsticken den Stoff glatt halten, erfordert einige Übung. Nähen Sie zunächst einmal gerade Nähte auf ein beliebiges Stück Stoff. Dann können Sie allmählich zu geschwungenen Nähten, Kreisen und anderen Formen übergehen.

Tipp!

Als Anfänger sollten Sie das Garn auf die Stofffarbe abstimmen, damit Unregelmäßigkeiten an den Nähten weniger ins Auge fallen.

Wenn Sie normales Nähgarn benutzen, müssen Sie weder die Nadel wechseln noch die Fadenspannung ändern. Üben Sie zunächst einfach mit normalem Näh- bzw. Stickgarn und gehen Sie erst allmählich zu den ausgefalleneren Sorten über.

Satinstich

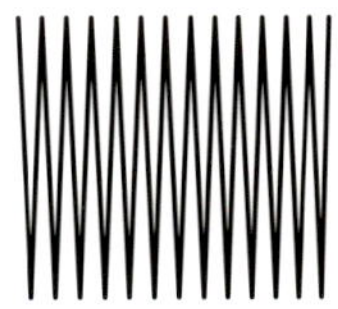

Abb. 2.1

Der Satinstich, wie Sie ihn in Abb. 2.1 sehen, kann für das Versäubern von Stoffkanten und für Knopflöcher eingesetzt werden. Es handelt sich um einen sehr engen Zickzackstich, daher brauchen sie einen Zickzack-Fuß. Dieser hat eine weite Öffnung und viel Platz für die dicht gedrängten Fäden.

Stellen Sie Ihre Maschine auf die entsprechende Nahtbreite ein und setzen Sie die Stichlänge herab. Probieren Sie aus, wie weit Sie die Stichlänge herabsetzen müssen, damit der Stoff vom Faden völlig bedeckt ist. Viele moderne Nähmaschinen besitzen ein Satinstich-Programm.

Mit dem Satinstich können Sie Ihren Stoffen eine interessante Textur verleihen. Sie können Applikationen anbringen oder ein Muster mit geschwungenen Linien entwerfen. Setzen Sie eine Satinstichnaht über die andere, entsteht der Eindruck einer aufgesetzten Kordel. Experimentieren Sie, indem Sie während des Nähens die Stichbreite verstellen. So erhält Ihre Naht ein eigenes Aussehen. Auch mit verschiedenen Garnen lässt sich eine pfiffige Naht realisieren.

Freihandnähte wie die oben und auf der gegenüberliegenden Seite dargestellten verleihen jedem Stück den richtigen Pfiff.

Topstitch

Der Topstitch (Abb. 2.2) ist sowohl dekorativ als auch stabil. Es handelt sich dabei um einen Rückstich mit größerer Stichlänge. Normales Garn gibt eine kaum sichtbare Naht, während Spezialgarn im Topstitch durchaus ins Auge fällt. Für den Topstitch brauchen Sie einen normalen Geradstichfuß. Zwei Reihen Topstitching in einem Abstand von 0,8 cm stellen die klassische Doppelnaht an der Jeans dar.

Abb. 2.2

Kräuselstich

Der Kräuselstich (Abb. 2.3) erlaubt, Stoff gleichmäßig zu kräuseln:

1. Geradstichfuß, Stichlänge auf 4, Oberfadenspannung locker lassen.

2. Nähen Sie eine gerade Naht und lassen Sie an deren Beginn und Ende jeweils etwa 10 cm Faden stehen.

3. Nähen Sie im Abstand von etwa 0,5 cm zur ersten eine zweite Naht.

4. Nun ziehen Sie beide Fäden zuerst am einen, dann am anderen Ende an, sodass der Stoff sich kräuselt.

5. Verknoten Sie die Fadenenden.

Abb. 2.3

In der Naht vernähen

Hierbei nähen Sie, wie in Abb. 2.4, direkt in der Nahtlinie, wo zwei Stoffstücke aufeinanderstoßen. Wenn der Faden exakt zum Stoff passt, fällt die Naht nicht auf. Meist wird dadurch ein Stoffstück unter der Naht festgenäht.

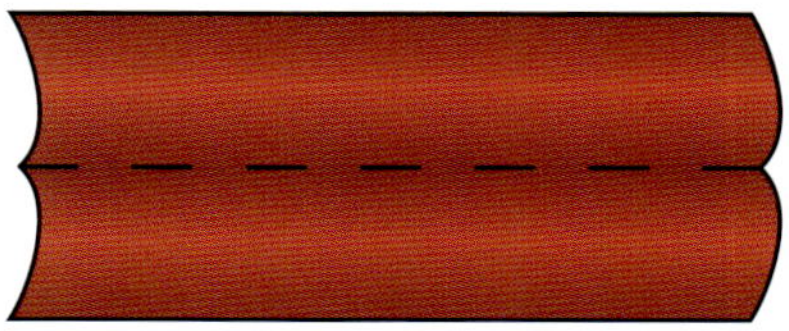

Abb. 2.4

Heftstich (Vorstich)

Der Heftstich (Abb. 2.5 und 2.6) kann natürlich auch mit der Maschine ausgeführt werden. Bei den meisten Nähmaschinen ist der Heftstich einfach nur ein besonders langer, lockerer Stich. Damit können Sie größere Stoffstücke kurzfristig fixieren.

Kleinere Stücke sollten besser mit der Hand geheftet werden. Das ist präziser. In beiden Fällen aber wird die Heftnaht am Ende entfernt.

Abb. 2.5

Blindstich (Staffierstich)

Für unsere Taschen wird meist mit der Hand staffiert. Der Staffierstich verbindet zwei Stoffstücke beinahe unsichtbar. Daher heißt er auch Blindstich. Und so geht es:

1. Stechen Sie in den oberen Stoffbruch ein und fassen Sie mit der Nadel zwei Gewebefäden vom unten liegenden Stoff.

2. Stechen Sie gleich neben der ersten Ausstichstelle wieder ein. Führen Sie die Nadel im Stoffbruch 5-6 mm vor und stechen Sie wieder aus, um zwei Gewebefäden zu erfassen.

3. Am Ende verstecken Sie den Knoten zwischen den Stofflagen.

Steppstich (Rückstich)

Beim Steppstich sticht man immer wieder zurück, weshalb er auch Rückstich heißt. Auf diese Weise entstehen sehr stabile Nähte. Der Steppstich besteht aus kleinen Stichen auf der Oberseite und langen, teils doppelten auf der Unterseite. Dies ist der am häufigsten verwendete Stich. Abbildung 2.7 zeigt Ihnen, wie's mit der Hand geht:

1. Führen Sie die Nadel von unten ein (1) und ziehen Sie den Faden nach.

2. Stechen Sie ein wenig weiter hinten wieder ein (2). Führen Sie die Nadel dann auf der Unterseite weiter vor (3).

3. Wiederholen Sie den Vorgang (4-7).

4. Verknoten Sie das Fadenende.

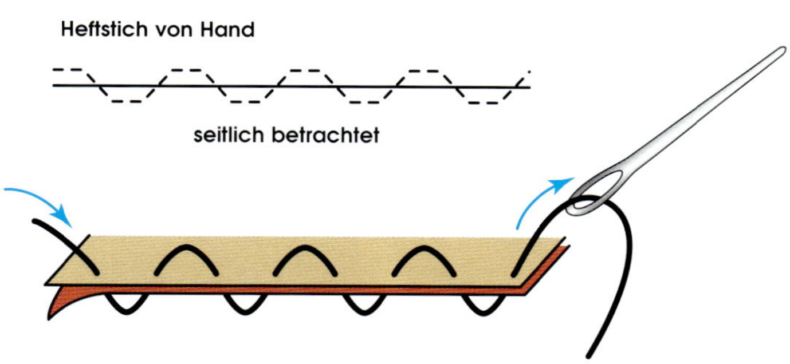

Abb. 2.6

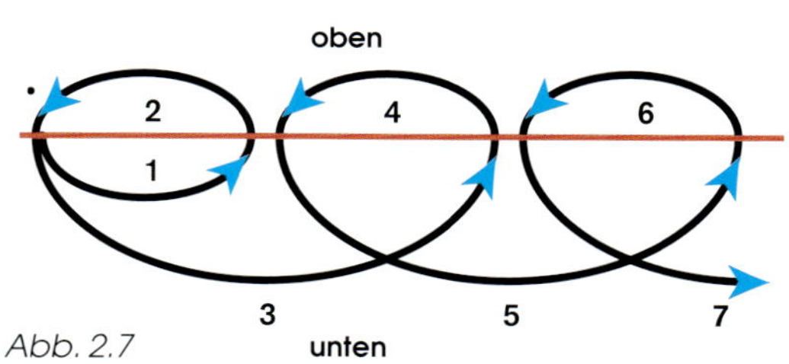

Abb. 2.7

Und wie geht's weiter?

Zuschnitt

Bei den meisten Taschen finden Sie ein Schnittmuster. Vergrößern Sie es den bei den Schnittteilen angegebenen Maßen entsprechend. Dazu gehen Sie am besten in einen Copyshop, machen eine Kopie von der Zeichnung und vergrößern diese so weit, bis die Seitenlänge dem fertigen Maß der Tasche entspricht. Zuhause können Sie die Kopie dann mit Hilfe eines Kopierrädchens auf Schnittmusterpapier übertragen.
Stecken Sie das Schnittmuster auf dem Stoff fest. Achten Sie dabei darauf, wie das Stoffmuster verläuft. Wenn Sie zwei identische Stücke zuschneiden wollen, falten Sie den Stoff jeweils mit der linken Seite aufeinander, stecken das Schnittmuster fest und schneiden beide Teile zugleich aus. Vergessen Sie nicht die Nahtzugaben. An Ecken oder Rundungen schneiden Sie diese im Abstand von 1 cm ein. Benutzen Sie eine scharfe Schere. Mit Zackenscheren lassen sich Nahtzugaben besser versäubern. Schräg zuschneiden bedeutet, dass Sie im 45-Grad-Winkel zum Fadenlauf schneiden. Dies ist vor allem für Schrägstreifen wichtig. Schrägband zum Einfassen muss vier Mal so breit sein wie der sichtbare Besatz. Es ist so praktisch, weil es längs- und querelastisch ist. Ist nichts anderes angegeben, werden die Schrägstreifen im Buch aus Futterstoff gearbeitet.

Säume nähen, bügeln und versäubern

Bei Standardstichlänge haben Sie etwa 4 Stiche pro Zentimeter Stoff. Die ideale Stichlänge hängt von der Dicke und Machart des Stoffes ab. Zu Beginn und Ende jeder Naht sollten Sie die Naht mit Rückstich sichern. So geht sie auch beim Wenden der Stoffteile nicht auf. Säume sollten zwei Mal gebügelt werden. Beim ersten Mal wird das Nähgarn im Gewebe „versenkt", beim zweiten Mal werden die Nahtzugaben geglättet. So liegt die aufgebügelte Naht glatter.
Wenn Sie ein Dampfbügeleisen benutzen, sollten Sie ein Tuch über den Stoff legen. Auch ein Bügeltuch aus Teflon leistet gute Dienste.
Beim Versäubern der Naht sollten Sie darauf achten, wie der Stoff gewebt ist. Bei lockerer Bindung sollten Sie nicht allzu viel von der Zugabe wegschneiden. Bei Baumwolle oder Stoffen mit Köperbindung können Sie die Nahtzugabe auf einen halben Zentimeter zurückschneiden. Verwenden Sie eine Zackenschere. Soll der Saum besonders haltbar sein, können Sie ihn mit weitläufigem Zickzackstich sichern.

Wichtige Werkzeuge für den Zuschnitt: Rollschneider, Lineale und Schnittmatte

Die Einlage muss an der Naht versäubert werden, sonst gibt es Beulen. Schneiden Sie gerade an der Naht entlang. Bei dünnen Vliesen können Sie diese auch mit der Hand auszupfen, sodass die Schichten an der Naht dünner sind.
Wenn Sie die Einlage aufbügeln, können Sie die Nahtzugabe auch wegschneiden, bevor Sie zu nähen beginnen. Dies erleichtert die Verarbeitung. Nähen Sie die Einlage auf, ist es besser, die Zugaben hinterher zu versäubern. So hält das Vlies besser.

Bildserie oben:
1) Nähen und bügeln Sie den Saum.
2) Bügeln Sie die Nahtzugabe auf.
3) Schneiden Sie die Einlage weg.

Schlaufen für Henkel oder Trageriemen

Schlaufen näht man, indem man ein schmales Stoffstück der Länge nach rechts auf rechts faltet, sodass die Schnittkanten aufeinander liegen, und dann an der Längsseite steppt. Schneidet man den Stoff für die Schlaufe am Fadenlauf (Abb. 2.8), dehnt sich die Schlaufe nicht, was besonders für stabile Henkel gut ist. Abb. 2.9 zeigt, wo gesteppt werden muss.

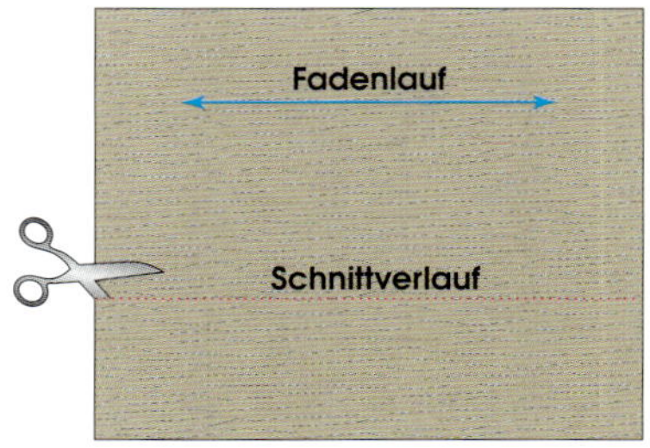

Abb. 2.8

Abb. 2.9

Schlaufen aus Schrägband sind hingegen elastisch. Sie müssen beim Nähen sehr straff gehalten werden, damit sie später nicht reißen. Schrägstreifen-Schlaufen können „gefüllt" werden, weil sie die Form des Füllmaterials annehmen. Möglich ist beispielsweise eine dicke Kordel für eine runde Griffform oder ein flaches Stück Einlage für einen versteiften Griff. Bei sehr engen Schlaufen lassen sich Schrägstreifen-Modelle besser wenden. Und so geht's:

1. Schlagen Sie eine Ecke eines rechtwinkligen Stoffstücks im rechten Winkel ein. Schneiden Sie die Faltkante weg (Abb. 2.10).

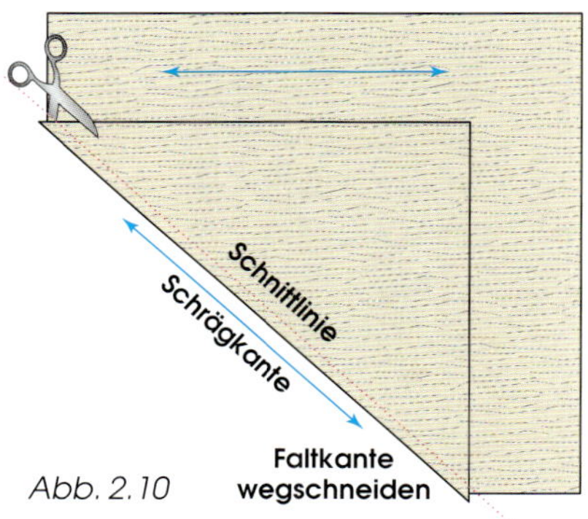

Abb. 2.10

2. Nun schneiden sie parallel zum ersten Schnitt einen etwa 8 cm breiten Streifen zu.

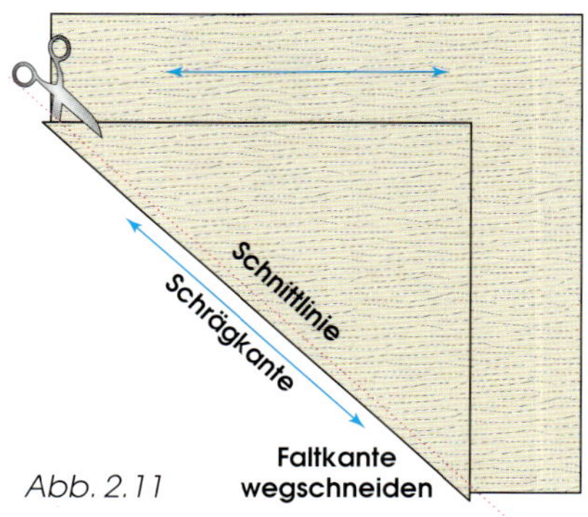

Abb. 2.11

3. Schneiden Sie die Ecken an den Enden ab (Abb. 2.12).

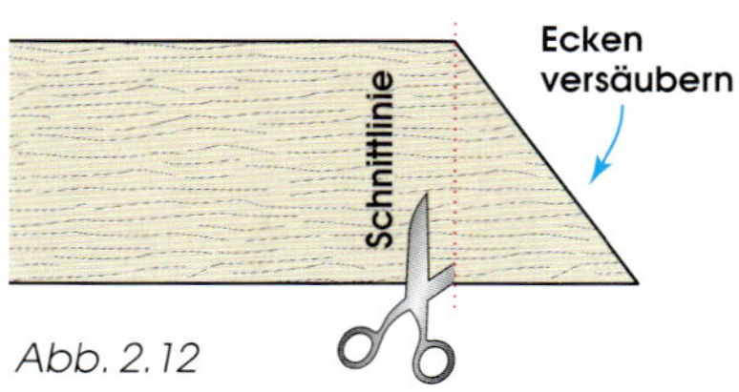

Abb. 2.12

4. Falten Sie nun den Streifen links auf links. Feststecken und mit 2 cm Nahtzugabe an der Längsseite entlang steppen (Abb. 2.13).

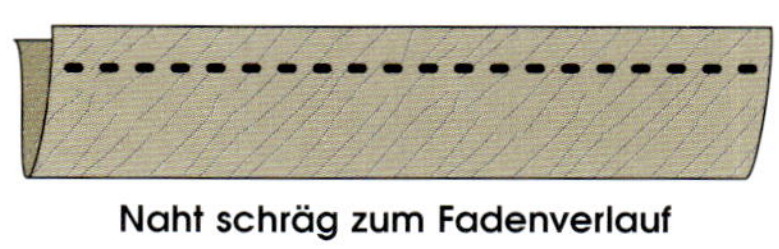

Abb. 2.13

Wenn Sie die Schlaufe „füllen" wollen, kürzen Sie die Nahtzugabe ein. Wenn nicht, lassen Sie die Nahtzugabe stehen. So hat die Schlaufe mehr Volumen.

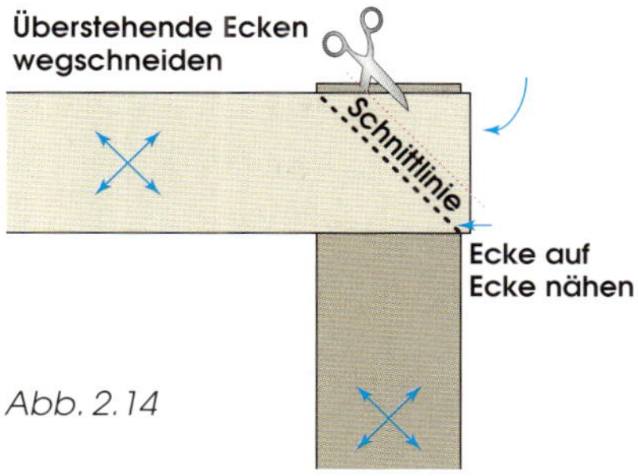

Abb. 2.14

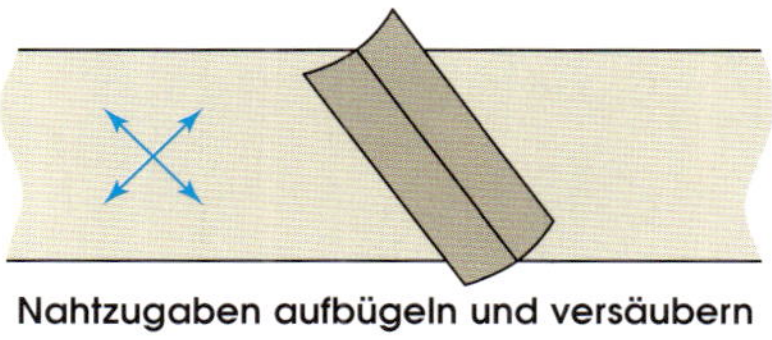

Abb. 2.15

Abb. 2.14 und 2.15 zeigen, wie man selbstgefertigte Schrägstreifen vernäht, um längere Schrägstreifen herzustellen.
Mit Hilfe einer Sicherheitsnadel können Sie auch lange Schlaufen problemlos wenden. Befestigen Sie die Nadel an einem Ende und schieben Sie sie durch den Schlauch bis ans Ende. Auf diese Weise wenden Sie die rechte Seite nach außen. Bei kürzeren Schlaufen leisten Schlaufenwender gute Dienste.Kürzere Schlaufen können aus längeren zugeschnitten werden. So brauchen Sie zum Beispiel für das Befestigen der Griffe nur einen langen Schlauch zu nähen und in Stücke zu schneiden. Nähen Sie schmale Schlaufen als Schlüsselhalter in Hosen- oder Jackentaschen. Längere Schlaufen geben schöne Henkelgriffe. Eingezogene Kordeln verleihen mehr Stabilität. Sehr schick ist es auch, wenn Sie die Henkel rechts und links mit einer kräftigen Topstitch-Naht akzentuieren.

Wie nähe ich einen flachen Taschenboden?

Die Tasche erhält einen praktischen Boden, wenn Sie die Ecken abnähen.

1. Schließen Sie die Nähte an der Unterseite und an den beiden Seiten (Abb. 2.16). Lassen Sie auf der Unterseite eine Öffnung. Bügeln und versäubern Sie die Säume.
2. Falten Sie den Boden der Tasche auseinander. Klappen Sie die Ecke des unteren Saums in Richtung Seitennaht, was ein Dreieck wie in Abb. 2.17 gibt.

Abb. 2.16

3. Messen Sie von der Ecke aus nach innen. Markieren Sie den Punkt und ziehen Sie mit Schneiderkreide eine waagrechte Linie über das Dreieck. Nähen Sie an dieser Linie entlang.
4. Wiederholen Sie Schritt 2 und 3 auf der anderen Seite. Je weiter Sie nach innen messen, desto länger wird der nötige Saum.

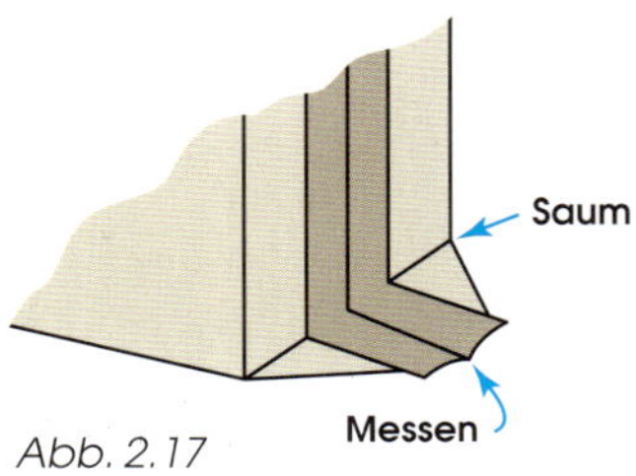

Abb. 2.17

5. Klappen Sie nun die Spitzen der Dreiecke nach unten um und nähen Sie sie fest (Abb. 2.18). Tasche wenden.
6. Verstärken Sie den Boden mit einem passenden Stück Karton, das Sie verkleiden.

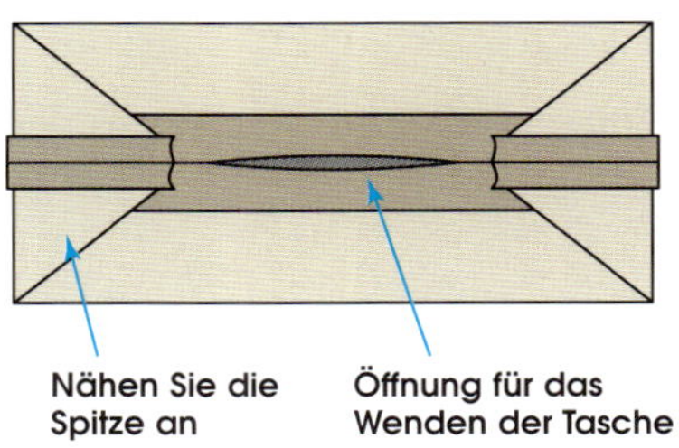

Abb. 2.18

Wie befestige ich Metallfüßchen am Taschenboden?

Nachdem Sie einen flachen Taschenboden geschaffen haben, können Sie ihn mit Metallfüßen schützen.
1. Messen Sie je 2 cm von den Ecken nach innen (Abb. 2.19). Markieren Sie die vier Punkte.

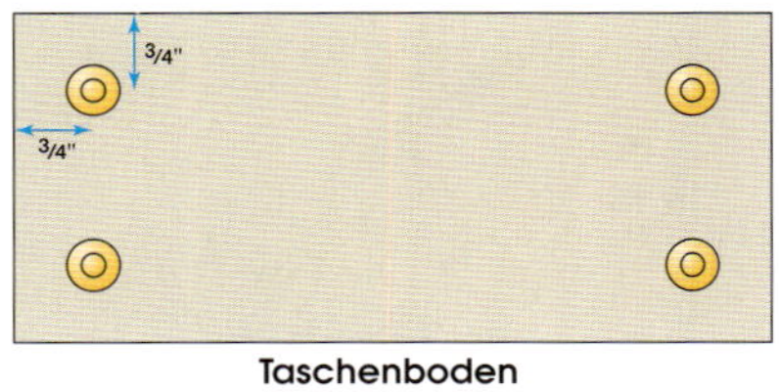

Abb. 2.19

2. Schneiden Sie mit einer sehr scharfen Schere kleine Schlitze für die Zinken der Füße.
3. Nehmen Sie den Metallfuß und drücken Sie die Dorne durch den Schlitz (Abb. 2.20).

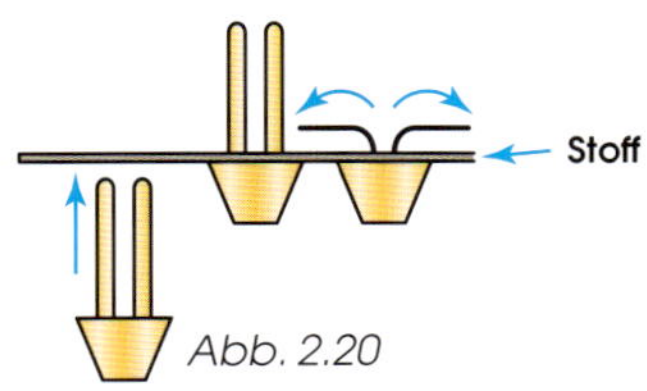

Abb. 2.20

4. Klappen Sie die Dorne nach außen (Abb. 2.21). So sitzen sie fest. Bei verstärktem Boden drücken Sie die Dorne durch die Versteifung aus Karton.

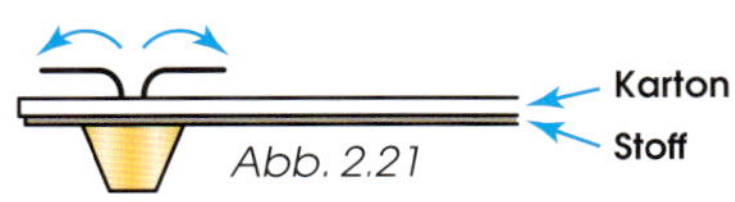

Abb. 2.21

Kapitel 3

Dekor, Verschlüsse und Griffe

Dekor

Das Dekor zählt zu den wichtigsten Elementen einer Tasche. Lassen Sie sich inspirieren von Quasten, Knöpfen, Perlen und anderen Anhängern, um Ihr ganz persönliches Stück zu kreieren.

Quasten

Quasten sind ein Stück purer Fantasie. Es gibt sie in allen möglichen Farben und Größen. Quasten finden Sie nicht nur in Handarbeits- und Bastelgeschäften, sondern auch in Fachgeschäften für Innenausstattung. Befestigen Sie sie an Griffen, Henkeln oder am oberen Rand der Tasche. Lassen Sie sie vom Boden herabbaumeln. Quasten haben Stil und fordern wenig Aufwand.

Quasten aus Viskose haben einen edlen Glanz.

Eine einzelne Quaste verleiht dem Traum von Tokio *von Seite 124 Eleganz.*

Fransen

Perlen-, Feder- und Garnfransen sind der letzte Schrei. Sie verleihen Ihrer Lieblingstasche das gewisse Etwas. Normalerweise gibt es sie als Meterware. Da sie meist über einen Ansatz verfügen, kann man sie leicht mit der Maschine aufnähen. Wenn nicht, werden sie mit Blindstich per Hand angenäht.

Fransen mit Volumen

Perlenfransen gibt es in vielen Farben und Formen. Glas-, Plastik- und Metallperlen sind gleichermaßen beliebt. Einen besonders exquisiten Touch erhält Ihre Tasche durch Federfransen, die in zahllosen Qualitäten erhältlich sind. Wenn Sie Federn benutzen, sollte die Tasche ansonsten eher schlicht sein. Federn sagen nämlich einfach alles ... So können Sie schnell ein elegantes Stück nähen, indem Sie eine einfache, einfarbige Tasche mit einem Federsaum verzieren. Am vielfältigsten jedoch ist die Auswahl bei Textilfransen, die es flach und flauschig, glänzend und matt gibt. Häufig sind sie mit Perlen und Metallfäden herausgeputzt. Meist hängen sie an Kordeln oder hübschen Tressen. Es wäre doch gelacht, wenn Sie bei all der Auswahl nichts finden würden.

Perlenfransen geben überraschende Effekte. So bei Black Beauty, *Seite 37, deren unterer Saum mit Perlen verziert ist.*

Die Lavendelliebe *von Seite 46 ist mit einer schicken Fransenborte verziert.*

Die Rue des Rosiers *von Seite 64 hingegen trägt eine Federboa.*

Federborte für das gewisse Etwas

Perlenfransen in verschiedenen Formen und Farben

Knöpfe

Knöpfe sind ja nicht nur fürs Knopfloch gedacht. Als Deko-Element setzen sie auf so manchen Taschen interessante Akzente. Mit Fransen oder Quasten kombiniert stellen sie einen echten Hingucker dar wie bei *Scarlett* von Seite 40. Sammeln Sie also schicke Knöpfe auf Flohmärkten oder Antiquitätenmessen. Suchen Sie nach ausgefallenen Holzknöpfen oder schick bezogenen Stücken. Auch Metallknöpfe von alten Uniformen sind brauchbar.

Ein kunstvoller Knopf hält hier ein Fransenornament. So wird Scarlett *von Seite 40 zu einem einzigartigen Begleiter.*

Anhänger

Anhänger jeder Art, asiatische Münzen oder schön geformte Steine mit Loch, sind ebenfalls gelungene Deko-Elemente. Nähen Sie sie fest oder lassen Sie sie von einer Kordel baumeln. So wird Ihr Alltagsmodell zum aufregenden Einzelstück.

Ein asiatischer Fächer schmückt Herbstschatten *von Seite 78.*

Perlen

Einige per Hand angenähte Perlen verleihen einem langweiligen Stück Stoff Flair. Sie können sie einzeln oder in Gruppen aufnähen. Passend zur Stofffarbe wirken sie elegant. Witzige Kontrapunkte setzen Kontrastfarben. Natürlich können Sie mit Perlen auch ein Motiv gestalten, zum Beispiel den Umriss einer Blüte.

Wird die Oberseite der Tasche stärker strapaziert, nähen Sie die Perlen einzeln fest und sichern Sie auf der Innenseite mit einem Knoten (Abb. 3.1).

Müssen Sie sich um die Strapazierfähigkeit keine Gedanken machen, können Sie mehrere Perlen auf einmal annähen. Der Knoten sichert dann mehrere Perlen (Abb. 3.2). Einen Perlenstrang näht man fest, indem man um den Faden herumnäht, der die Perlen hält.

Einzelne Perle

Abb. 3.1

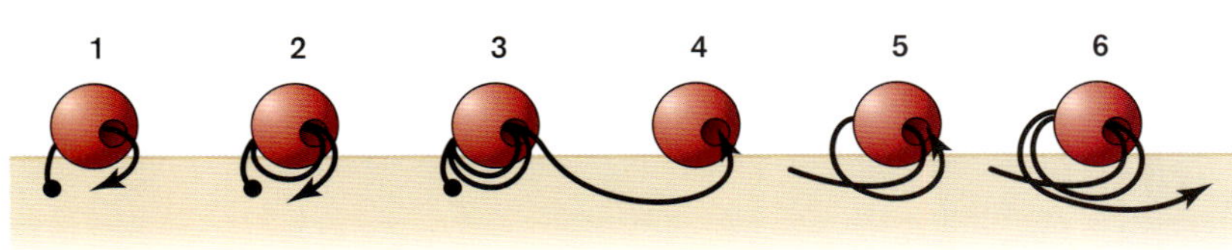

Abb. 3.2 **Sichern Sie die Perle doppelt.** **Sichern Sie zweifach.** **Gehen Sie zur nächsten Perle weiter.**

Auf Geheimnis des Orients *von Seite 43 wurde mit Metallfarbe eine schimmernde Libelle aufgemalt.*

Stoffmalerei mit Schablonen und Metallfarbe

Malen mit Schablonen macht Spaß und ist nicht schwer. Auf diese Weise können Sie das Design ganz nach Ihren Wünschen wählen. Sie können ein einziges Motiv aufmalen oder mehrere zu einem Muster anordnen. Schablonen gibt es für unzählige Motive. Legen Sie die Schablone auf Ihren Stoff, den Sie auf einer glatten Unterlage ausgebreitet haben. Tragen Sie die Farbe auf, wie in der Anleitung angegeben, und lassen Sie dann den Stoff zum Trocknen liegen. Mehrschlägige Schablonen erlauben den Auftrag verschiedener Farbtöne, sollten aber nur auf einfarbigen Stoffen verwendet werden.

Neben der Schablone ist die verwendete Farbe Ihr wichtigstes Instrument. Auch hier hat sich das Angebot in den letzten Jahren stark vergrößert. Sie finden einfache Farben, die sich ohne Probleme mischen lassen, aber auch Neon- bzw. Metallfarben für flippigere Stücke. Stofffarben verbinden sich mit dem Stoff und werden gewöhnlich mit dem Bügeleisen fixiert. Ist die Stofffarbe trocken, ist die Textur des Stoffes genau wie vorher.

Natürlich können Sie die Stofffarben auch aufstempeln. Eine besondere Methode zeigen wir Ihnen unten.

Das Rückseiten-Motiv von Geheimnis des Orients.

Pinsel mit Schablone

1. Legen Sie die Schablone auf den Stoff wie in Abb. 3.3.

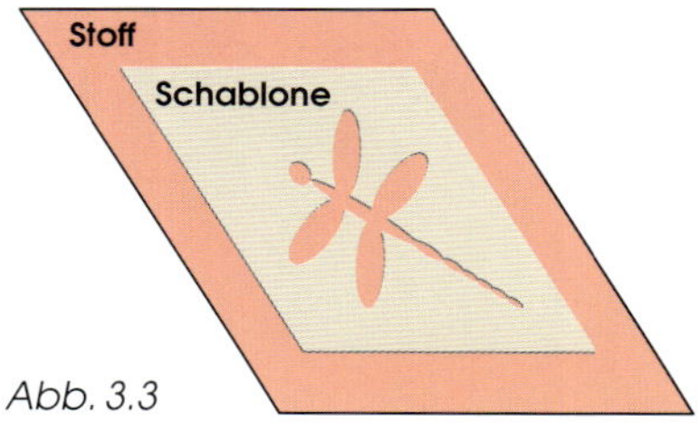

Abb. 3.3

2. Tragen Sie die Farbe mit einem Pinsel auf. Wollen Sie einen dünneren Farbauftrag, können Sie ein Schwämmchen benutzen.

Abb. 3.4

3. Wenn Sie fertig sind, heben Sie die Schablone ab.

Inkpad (Stempel)

In den USA (siehe Bezugsquellen) wird Stofffarbe gleich mit Applikator geliefert. Dieses „Dauber" oder „Inkpad" genannte System ist äußerst praktisch.

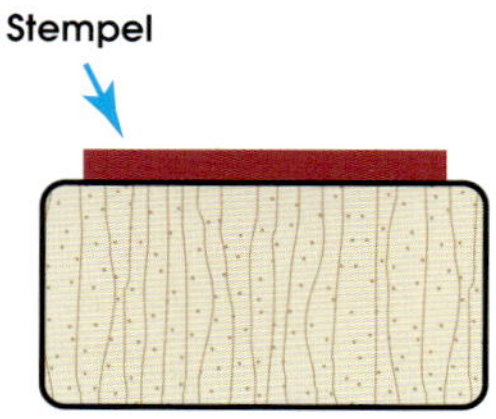

Abb. 3.5

1. Halten Sie den Stempel mit der Druckseite nach oben wie in Abb. 3.5.
2. Tränken Sie den Stempel mit dem Inkpad wie in Abb. 3.6.
3. Stempeln Sie das Muster auf den Stoff und lassen Sie diesen trocknen.

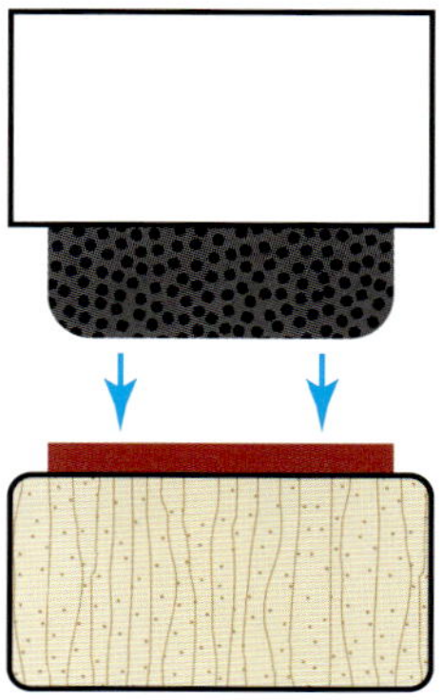

Abb. 3.6

Hier zwei schick gearbeitete Überschläge: Weekend in Acapulco von Seite 88 und Rendezvous von Seite 84.

Verschlüsse

Nicht jede Tasche braucht einen richtigen Verschluss. Wenn Sie jedoch vorhaben, darin Wertsachen zu transportieren, ist Sicherheit Trumpf.

Klappe

Mit einer Klappe können Sie jede Tasche auf sehr einfache Weise verschließen. Fast jedes Modell kann mit einem am oberen Saum angenähten Überschlag versehen werden. Vergessen Sie nicht: Auch ein Überschlag kann die unterschiedlichsten Formen annehmen. Er kann schmal zwischen den Griffen angebracht werden oder sich über die gesamte Breite hinziehen. Abb. 3.7 zeigt mehrere Möglichkeiten.
Sichern Sie den Überschlag mit Knopf und Schlaufe, einem Magnetverschluss oder Klettband an der Außen- oder Innenseite der Tasche (Abb. 3.8). Soll die Klappe flach aufliegen, beschweren Sie sie mit einer Perlenfranse wie auf dem Foto oben. Beziehen Sie den Überschlag in Ihr Design mit ein. Wenn Sie noch einen Platz für eine Extratasche brauchen, ist der Überschlag genau richtig (Abb. 3.9).

Abb. 3.7

Abb. 3.8

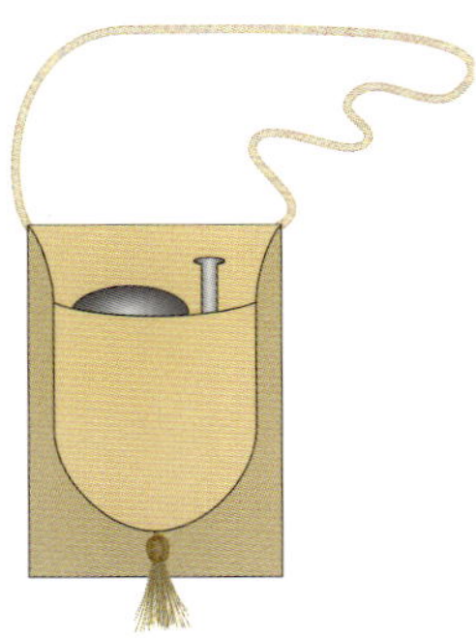

Abb. 3.9

Hier einige Deko-Elemente, die sich gut als Verschlüsse für Überschläge eignen: Borte, Libellenornament, Münzanhänger, Quaste und diverse Knopfverschlüsse mit Befestigungsdorn.

Magnetverschlüsse wie hier beim Modell Sansibar *von Seite 105 sorgen für Sicherheit.*

Magnetverschlüsse

Magnetverschlüsse lassen sich schnell befestigen und halten gut aufgrund der magnetischen Anziehung. Die Magneten sitzen in einem dekorativen Metallring, auf dessen Rückseite zwei Dorne sitzen.

Und so geht's:

1. Schneiden Sie zwei winzige Schlitze in den Stoff (Abb. 3.10). Wenn der Stoff an dieser Stelle nicht verstärkt ist, sollten Sie ein kleines Stück Einlage dort anbringen.

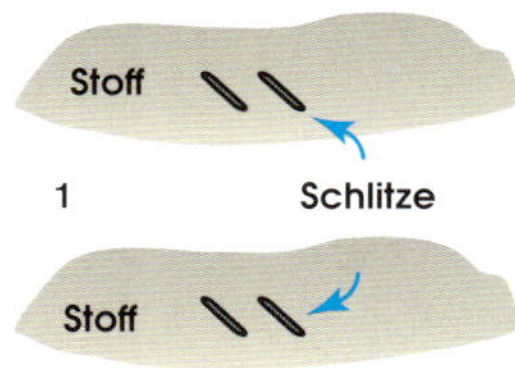

Abb. 3.10

2. Führen Sie Dorne durch die Stoffschlitze in den Stoff wie unten angegeben.

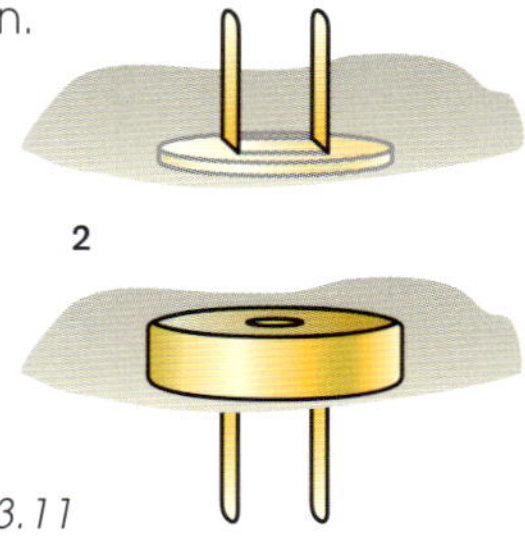

Abb. 3.11

3. Drücken Sie die Dorne nun auseinander, sodass der Magnetknopf festsitzt.

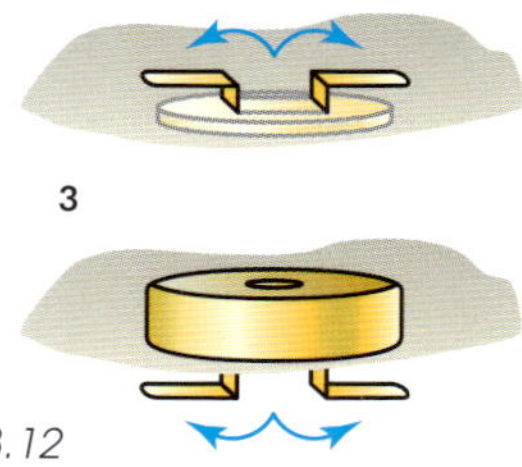

Abb. 3.12

Schlaufen und Kordelschlaufen

Schlaufenverschlüsse können aus dem Taschenstoff oder aus einer Kordel gefertigt werden. Und so geht's:

Kordelverschluss

1. Messen Sie den Knopf bzw. Knebelknopf, den Sie verwenden wollen. Messen Sie ausreichend Kordel ab, um den Knopf zu halten. Vergessen Sie die Zugabe nicht. Schließlich müssen Sie die Kordelschlaufe ja festnähen.

2. Umwickeln Sie die Kordel mit transparentem Klebeband, damit sie nicht aufgeht. Schneiden Sie nun das erforderliche Stück zu.

3. Fädeln Sie nun Deko-Elemente auf wie in Abb. 3.13 bis 3.15.

4. Nähen Sie die Kordel im Saum fest.

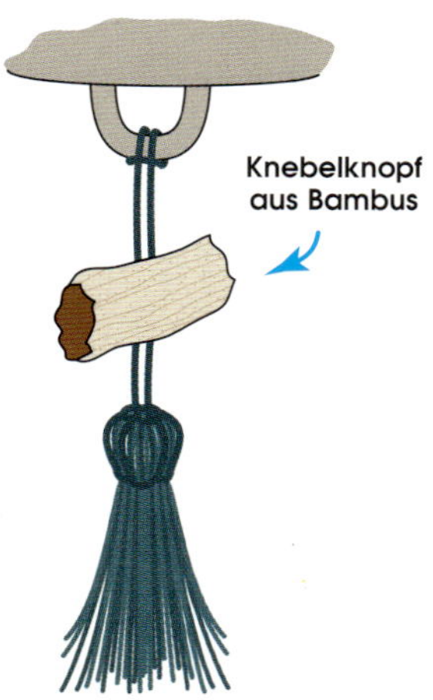

Abb. 3.13

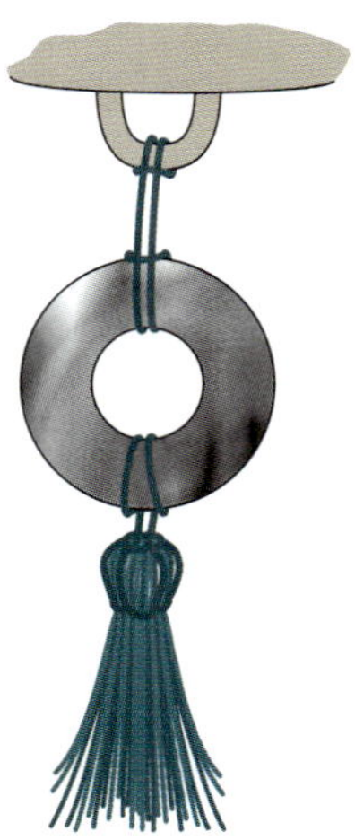

Abb. 3.14

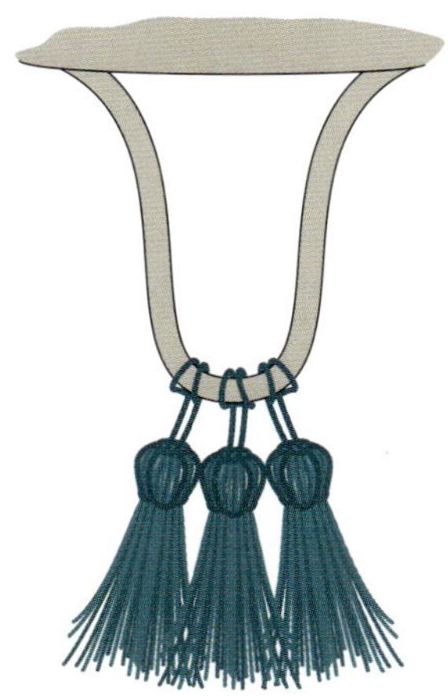

Abb. 3.15

Schlaufenverschluss aus Stoff

1. Falten Sie einen Streifen Taschenstoff längs rechts auf rechts.
2. Steppen Sie nun die offene Längskante zu.
3. Wenden Sie die Schlaufe mit einer Sicherheitsnadel und schneiden Sie sie auf die gewünschte Länge zu.
4. Verzieren Sie sie nach Wunsch mit Quasten etc.
5. Nähen Sie sie an der Tasche fest.

Kräuselverschluss

Einige der hier vorgestellten Taschen werden mit Durchziehband geschlossen. Die verwendete Technik wird genau erläutert bei: *Black Beauty* auf Seite 37, *Scarlett* auf Seite 40, *Geheimnis des Orients* auf Seite 43 und *Rodeo-Ritt* auf Seite 50.

Reißverschlüsse

In diesem Buch werden Sie nur wenige Reißverschlüsse finden. Nur eine Tasche, die *Shibori* auf Seite 95, wird mit Reißverschluss geschlossen. Da die Verarbeitung von Shibori-Stoff ihre Eigenheiten hat, wird das Einarbeiten des Verschlusses dort genau beschrieben.

Ein edler Kordelverschluss mit Quasten ziert die Königin der Nacht *von Seite 98.*

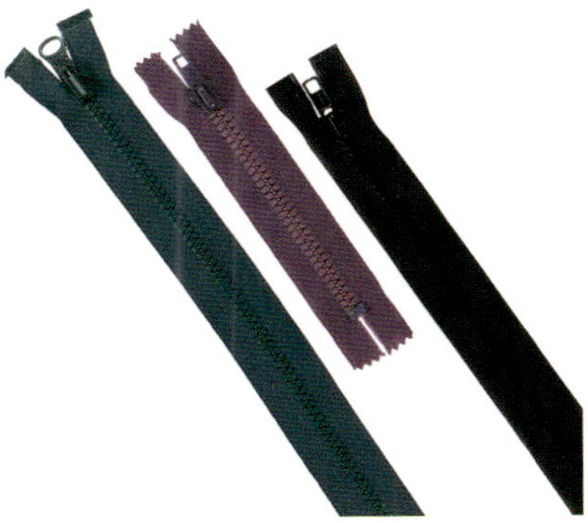

Deko-Reißverschlüsse

Die Verarbeitung von Reißverschlüssen wie hier bei Shibori *wird auf Seite 95-97 genau erläutert.*

Griffe

Häufig bestimmt der Griff den Stil der Tasche. Lassen Sie Gegensätze sprechen: Lackgriffe zu Lederimitat, Bambusgriffe mit ihrer natürlichen Eleganz zu Gobelin und Marmor-Imitat zu bedrucktem Chenille oder Perlenarmbänder zu einem Spitzentäschchen.

Bambus und Rattan, Holz und Imitate

Es gibt unzählige Griffe aus Bambus, Rattan, Holz oder Plastik mit Marmorfinish bzw. Lackcharakter. Die meisten weisen die traditionelle U-Form auf, doch es gibt auch runde Griffe und solche mit aufgebogenen Enden. Die meisten haben Bügel, die man festschrauben kann. Auf diese Weise können Sie den Griff nach dem Nähen der Tasche befestigen. Alle Griffe können mit Stoff- oder Kordelschlaufen befestigt werden.

Griffe gibt es in allen möglichen Variationen.

Das Modell Jenseits von Afrika *auf Seite 54 zeigt einen gedrehten Rattangriff, der mit Kordelschlaufen festgeknotet wird.*

Die Orangenblüten-Tasche von Seite 115 hat Griffe, die nach dem Nähen befestigt werden.

So befestigen Sie einen Bügel mit Schraube:

1. Stecken Sie die U-förmigen Haltebügel durch eine Stoffschlaufe an Ihre Tasche.

2. Stecken Sie dann ein Griffende so in das Metallstück, dass die Löcher genau übereinander liegen.

3. Stecken Sie die Schraube durch die Löcher. Festziehen.

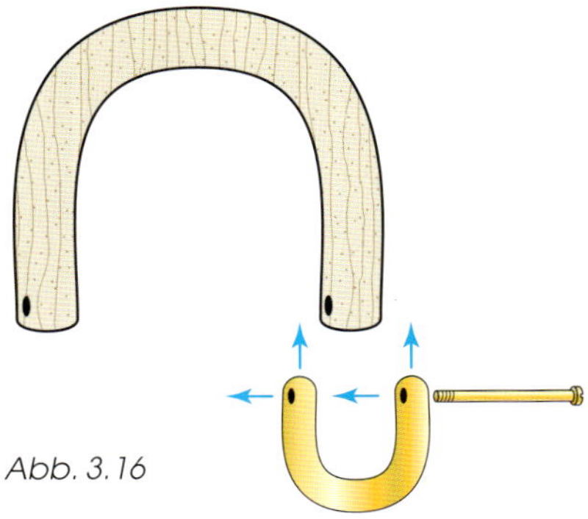

Abb. 3.16

Gürtel

Ein Perlengürtel kann einen wunderbaren Griff abgeben.

1. Wählen Sie einen Gürtel mit Karabinerhaken an einem Ende und einer Kette am anderen.

2. Bringen Sie an Ihrer Tasche rechts und links eine kleine Stoffschlaufe an. (Wenn Sie die Schlaufen ins Innere schieben, können Sie die Tasche als Unterarmtasche verwenden.)

3. Führen Sie den Karabinerhaken durch eine Stoffschlaufe. Führen Sie einen zweiten Karabinerhaken durch die Gürtelkette und die zweite Stoffschlaufe.

Wählen Sie einen Gürtel mit einem Haken am einen und einer Kette am anderen Ende. Dies gibt einen ungewöhnlichen Griff wie unser Modell Weekend in Acapulco *auf Seite 88 zeigt.*

Polyesterstege und Plastikschläuche

Auch Dinge, die gewöhnlich nicht als Griffe dienen, sind nützlich. Polyesterstege stammen aus der Bekleidungsindustrie. Sie halten Stoffstücke steif. Nähen Sie eine Schlaufe, die Sie mit Stegen verstärken.
Plastikschläuche geben tolle Rundgriffe, wenn man Sie in Stoffschläuchen verbirgt.
Und so geht's:

1A. Machen Sie einen Lederschlauch wie auf Seite 113 beschrieben. Er muss etwas länger sein als der verwendete Steg. Verarbeiten Sie Leder links auf links. Es ist zu steif zum Wenden. Versäubern Sie die Nahtzugabe. Stecken Sie den Steg in den Schlauch und nähen Sie den Griff an beiden Seiten fest (*St. Moritz* auf Seite 112).

1B. Nähen Sie einen Stoffschlauch. Wenden Sie ihn und führen Sie einen Plastiksteg ein. Diese Technik finden Sie auf Seite 95–97 genauer beschrieben.

2. Befestigen Sie den Griff an der Tasche.

Beim Modell Starlet *von Seite 91 halten Polyesterstege die Tasche in Form.*

Kapitel 4

Meine Lieblingstasche

Wie sieht Ihre Lieblingstasche aus?

Unten aufgeführt finden Sie Details zu der Form aller Taschen auf den folgenden Seiten. Das Zeichen unter der Rubrik „Fertige Größe" zeigt Ihnen, mit welcher Taschenform Sie es jeweils zu tun haben.

Shopper

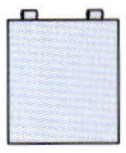

Der Shopper ist einfach und schnell zu nähen – abgesehen vom Dekor. Dieses können Sie so aufwändig gestalten, wie Sie nur möchten. Da der Shopper flach ist, lässt er sich leicht im Koffer verstauen und tritt erst in Aktion, wenn Sie ihn brauchen. Meist kommt er in rechteckiger Form daher, ist aber auch in quadratischer, runder oder dreieckiger Gestalt denkbar. Das Schönste daran ist wohl, dass er so einfach in der Herstellung ist: Sie legen die Form fest, schneiden vier Stoffstücke zu und wählen irgendeinen Griff dazu aus. Wenn Sie schon einen tollen Stoff im Auge haben und nur eine einfache Henkeltasche machen wollen, kann es sofort losgehen. Manchmal aber hat man da dieses tolle Stück Batik vom Flohmarkt oder einen wunderbaren, aber viel zu kurzen Schal aus Japan. Diesen Schatz hüten Sie nun schon seit Jahren und möchten endlich einmal etwas damit anfangen. Nun, für einen Shopper ist das ideal, wenn Sie das Stück mit einem schönen Besatz einfassen. Der Futterstoff sollte zu beidem passen. Wenn Sie Stoffgriffe nehmen, sollten diese aus einem der beiden bereits verwendeten Stoffe bestehen. Bei gekauften Griffen haben Sie dieses Problem nicht. Und dann wird's erst richtig lustig: Applikationen, Taschen, Fransen und Perlen vervollständigen das gute Stück.

Beutel

Beutel sind ungeheuer vielseitig. Ihr Innenleben bietet meist mehr Platz, als es von außen den Anschein hat. Manche Nähfreunde schätzen die Kräuselverschlüsse nicht besonders, doch die Modelle in diesem Buch bauen alle auf einem leicht zu realisierenden Grundmuster auf, das Sie natürlich nach Belieben abwandeln können. Auch Beutel lassen sich wunderschön mit Federn, bunten Perlen, Knöpfen und anderen tollen Sachen verzieren.

A- und V-Form

Diese Taschen können nur aus einer Stoffarten genäht werden, aber auch aus mehreren. Hier im Buch finden Sie beides. Wenn Sie aus dem V ein A machen wollen, drehen Sie den Schnitt einfach um, was einen völlig anderen Look ergibt. Auch hier ist das Dekor wesentlich. Wenn Sie das richtige Futter wählen, haben Sie eine schicke Wendetasche.

Shopper mit Rundgriffen

Jeder braucht eine Tasche wie diese, in der einfach alles Platz hat: Handy, Geldbörse, Einkaufslisten, Stifte, Schlüssel und ein Taschenbuch, damit es der Trägerin nicht langweilig wird, wenn sie auf ihre Freundin wartet. Toll, dass man all das auch noch stilvoll transportieren kann.

Schulter- und Hüfttaschen

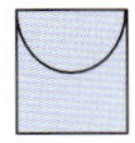

Auch diese Taschen sind leicht zu nähen. Das Modell kann sowohl als Schulter- wie auch als Hüfttasche benutzt werden. Sie müssen nur den Riemen so lang machen, dass er sich als Gürtel tragen lässt oder die Tasche locker von der Schulter baumelt. Auch als Kuverttasche schick.

Taschen im Querformat

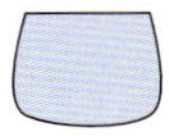

Diese höchst femininen Modelle können mit Bügel versehen oder als Unterarmtasche getragen werden. Sie sind wahre Klassiker und wirken vor allem am Abend sehr elegant ... Keine Frage, dass man beim Dekor vor allem auf Luxusprodukte zurückgreift: Straußenfedern, Jettperlen, Goldanhänger und so weiter.

Riesenshopper

Jeder Mensch braucht eine dieser riesigen Taschen, ob für den Ausflug an den Strand oder für den Wochenendeinkauf. Diese Taschen sind leicht zu nähen und eignen sich für nahezu jedes Design. Sie werden überrascht sein, wie schnell Sie eine neue genäht haben!

In 80 Tagen um die Welt

Diesen Shopper habe ich aus einem japanischen Furoshiki gemacht, die Sie in Japan-Shops bekommen. Sie waren ursprünglich eine Art Handtuch für das Badehaus, in dem man seine nassen Sachen nach Hause trug. Heute ist der Furoshiki zum schicken Tuch geworden, das man meist als Wandbehang benutzt. Die Größe des Furoshiki bestimmt die Größe der Tasche. Der Geisha-Furoshiki misst 42,5 cm im Quadrat. Der Furoshiki für die Rückseite ist etwas größer, sodass wir daraus die Griffe machen können. Der Shopper ist mit schwarzem Stoff gefüttert und an der Oberkante mit einem schwarzen Stoffstreifen eingefasst. Natürlich können Sie auch einen anderen schicken Stoff benutzen.

Fertige Größe

circa 40 x 42 cm

Stoffe und Zubehör

- Furoshiki mit Geisha-Motiv, 42,5 x 42,5 cm
- Stoff mit Blumenmuster, 42,5 x 42,5 cm
- Volumenvlies, 50 x 140 cm
- schwarzer Baumwollstoff, 50 x 140 cm
- schwarzer Baumwollstoff, 20 x 140 cm (Schrägstreifen)
- Sprühzeitkleber
- passendes Nähgarn
- Deko-Garn oder Stickgarn
- Stecknadeln und Schere
- Geradstichfuß
- Freihand-Stickfuß
- Quiltnadel
- Sicherheitsnadel, Maßband
- Bügeleisen

Tipp!

Nehmen Sie statt des schwarzen Baumwollfutters einen gemusterten Stoff, dann können Sie die Tasche als Wendetasche verwenden. Wählen Sie den Stoff für die Griffe und das Schrägband so, dass es zur Innen- und Außenseite passt.

Vorbereitung

1. Zuschnitt wie folgt:
- Geisha-Motiv, 42,5 x 42,5 cm
- Blumenstoff, 42,5 x 42,5 cm
- 2 x Vlies, 42,5 x 42,5 cm
- 2 x Baumwolle, 42,5 x 42,5 cm (Futter)
- 2 x Blumenstreifen, 6 x 35 cm (Griff)
- 2 x Vliesstreifen, 6 x 25 cm (Griff)
- 2 x Schrägstreifen aus Baumwolle, 7,5 x 82,5 cm

2. Geisha-Furoshiki linksseitig mit Kleber besprühen. Volumenvlies auflegen. Glatt streichen.

3. Stecken Sie es mit Nadeln mehrfach fest.

4. Wiederholen Sie diesen Vorgang mit dem Blumenstoff für die Rückseite der Tasche. Nähen Sie den Schrägstreifen für den Besatz (Seite 16).

Der kleine Kick

1. Bringen Sie mit dem Geradstichfuß und einer Quiltnadel mit Dekogarn auf dem Geisha-Stoff gerade Ziernähte an wie in Abb. 4.1.

2. Für die geschwungenen Linien nehmen Sie den Freihandstickfuß und Dekogarn. Diese brauchen Sie auch für den geblümten Stoff.

3. Nähen Sie mit Dekofaden um die Umrisse des Blumen- bzw. Geisha-Musters herum.

4. Leicht andrücken.

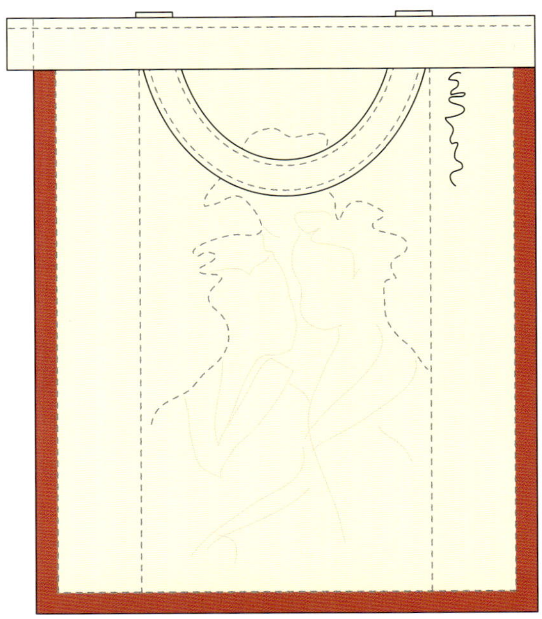

Rechte Stoffseite

Abb. 4.1

Zusammennähen

1. Geisha- und Blumenstoff rechts auf rechts aufeinander legen. Unter- und Seitenkanten mit 1,25 cm Nahtzugabe schließen. Naht zum Blumenstoff hin umbügeln. Wenden.

2. Futterstoff rechts auf rechts aufeinander legen, Unter- und Seitenkanten mit 1,25 cm Zugabe schließen. Säume zum Geisha-Stoff hin umbügeln.

3. Futtertasche links auf links in die Außentasche stecken. Seitennähte aufeinander. Ecken ausstreifen.

Schlaufen

1. Legen Sie einen Streifen mit Blumenmuster und einen Streifen Futterstoff rechts auf rechts aufeinander. Vliesstreifen auf Futterstoff legen. Längsnähte schließen wie in Abb. 4.2.

Abb. 4.2

Linke Stoffseite

Das elegante Motiv der Vorderseite

2. Wiederholen Sie den Vorgang mit dem anderen Streifen. Wenden Sie mit Hilfe eines Schlaufenwenders beide Streifen nach rechts. Glatt bügeln.

3. Knicken Sie die Oberkante der Tasche in der vorderen Mitte ein. Mit Stecknadel markieren.

4. Messen Sie von dort je 5 cm nach rechts und links. Stecken Sie den Griff Schnittkante auf Schnittkante fest, sodass die Rundung nach unten weist. Griffenden festnähen. Wiederholen Sie den Vorgang auf der Rückseite.

Besatz

1. Legen Sie den Schrägstreifen doppelt rechts auf rechts und nähen Sie ihn an den kurzen Enden mit einer Zugabe von 1,25 cm zusammen. Kürzen Sie die Zugabe auf 0,5 cm und bügeln Sie sie um.

2. Falten Sie den Streifen nun der Länge nach links auf links. Glatt bügeln. Stecken Sie ihn um den Rand der Tasche nach unten fest. Naht liegt auf einer Seitennaht.

3. Nähen Sie den Streifen 1,25 cm unterhalb der Schnittkante fest. Klappen Sie den Streifen um, sodass er die Oberkante der Tasche bedeckt. Glatt bügeln.

4. Schlagen Sie den Schrägstreifen ein und stecken Sie ihn auf der Naht an der Innenseite der Tasche fest. Naht mit Blindstich schließen. Glatt bügeln.

Bengal-Batik

Ich habe dieses wunderschöne Stück Batikstoff auf einem Jahrmarkt gekauft, weil es handgefärbt war. Es schrie geradezu nach einer Einfassung. Die ganze Tasche musste also größer sein als mein Stoffstück. Da diese traditionelle Batik auf Baumwolle gefertigt wurde, wählte ich einfach zwei weitere Baumwoll-Batiktücher und einen weiteren Batikstoff als Futter. So kann man die Tasche wenden. Zusätzliche Taschen sind immer praktisch. Auch diese besteht aus Batikstoff. Dazu passen am besten Griffe aus Bambus. Um eine Batik einzufassen, geht man vor wie folgt: Legen Sie die fertige Größe fest, messen Sie Ihr Batikstück aus und geben Sie so viel Stoff zu, wie nötig ist, um auf Ihr Wunschmaß zu kommen. Vergessen Sie die 1,25 cm Nahtzugabe nicht.

Fertige Größe

circa 40 x 34 cm

Stoffe und Zubehör

- Batikstoff, 29 x 27 cm
- Batikdruck in Gelb, 50 x 140 cm
- Batikdruck in Braun, 50 x 140 cm
- Vlies zum Aufbügeln, 60 x 120 cm
- 2 runde Bambusgriffe, circa 10 cm Breite
- passendes Nähgarn
- brauner Dekofaden oder mehrfarbiges Stickgarn
- Klettverschluss (nach Belieben)
- Stecknadel, Schere
- Bügeleisen
- Maßband
- witziger Anhänger

Tipp!

Ersetzen Sie den Batikstoff durch ein schickes Tuch oder ein Stück aus der eigenen Näh- und Stickereiwerkstatt. Eine aufgesetzte Tasche mit einem Karabinerhaken als Schlüsselanhänger peppt das Innenleben auf.

Vorbereitung

1. Zuschnitt wie folgt:

- Handbatik, 29 x 27 cm
- Vlies, 29 x 27 cm
- Batikdruck in Gelb, 29 x 27 cm
- Batikdruck in Gelb, 15 x 30 cm
- gelber Batikstreifen, 7,5 x 27,5 cm (für die Tasche in Schritt 4)
- Batikdruck in Gelb, 5 x 7,5 cm
- 2 x Batikdruck in Gelb, 42,5 x 37,5 cm
- 2 x Batikdruck in Braun, 42,5 x 37,5 cm
- 2 x Vlies, 42,5 x 37,5 cm
- Batikstreifen in Braun, 5 x 30 cm

2. Besprühen Sie die linke Seite der Handbatik mit Sprühzeitkleber. Legen Sie sie auf passendes Vlies. Glätten.

3. Bügeln Sie die beiden restlichen Vliesstücke auf die linke Seite der braunen Batikstücke auf. Ruhen lassen.

4. Steppen Sie mit Dekofaden in einer passenden oder kontrastierenden Farbe um die Umrisse des Hauptmotivs auf dem handgebatikten Stoffstück herum. Hier wurden der Horizont der Landschaft sowie der Umriss der Bäume hervorgehoben. Benutzen Sie dazu den Freihand-Stickfuß Ihrer Nähmaschine.

5. Verzieren Sie auf diese Weise auch die beiden größeren Stoffstücke aus braunem Batikdruck.

6. Bügeln Sie sachte alle Stücke glatt.

Zusammennähen

1. Legen Sie die Handbatik rechts auf rechts auf das gleich große Futterstück aus gelbem Stoff.

2. Festnähen. Lassen Sie am oberen Rand etwa 10 cm frei wie auf Abb. 4.3. Sichern Sie die Naht zu Anfang und Ende mit Rückstich.

Abb. 4.3

3. Wenden Sie das Stück nach rechts. Schlagen Sie die Nahtzugabe an der Öffnung nach innen um. Aufbügeln. Bringen Sie nun auf dem Futterstoff unterhalb der Sonne des Batikdesigns ein Stück Klettverschluss an. Nähen Sie es mit Zierstichen um die Sonne herum fest.

4. Legen Sie die Handbatik mittig auf die rechte Seite von einem der beiden gequilteten Batikstücke in Braun. Achten Sie darauf, dass die Seitenränder gleich breit sind.

5. Verschieben Sie das Batikstück so, dass der Abstand zur unteren Stoffkante doppelt so groß ist wie der zur oberen.

6. Stecken Sie den Stoff fest und steppen Sie außen herum. Die obere Kante offen lassen. Naht am Anfang und Ende sichern.

7. Nähen Sie die andere Seite des Klettverschlusses am braunen Batikstoff fest.

Braune Bambusgriffe und ein asiatischer Münzanhänger geben der Tasche den letzten Pfiff.

Ein Täschchen in Ehren

1. Falten Sie den gelben Batikstoff (15 x 30 cm) der Breite nach rechts auf rechts aufeinander.

2. Nähen Sie eine Quetschfalte von circa 4 cm Breite ab. In der Mitte offen lassen. Sichern Sie die Nähte.

3. Aufbügeln wie in Abb. 4.4. Falten Sie den Streifen längs rechts auf rechts. Bügeln. In der Mitte durchschneiden.

4. Dieser Streifen wird nun zum Besatz. Legen Sie ihn längs doppelt (3,75 x 13,75 cm). Legen Sie die Schnittkanten auf die Oberkante des Täschchens wie in Abb. 4.5 unten. Mit 1,25 cm Zugabe festheften. Über die Schnittkanten umklappen und dort anheften. Mit der Unterkante und dem zweiten Streifen wiederholen. Nun haben Sie oben und unten eine versäuberte Kante. Restlichen Stoff abschneiden.

5. Glatt bügeln. Faltkante auf die Heftnaht legen wie in Abb. 4.6. Von vorne feststecken.

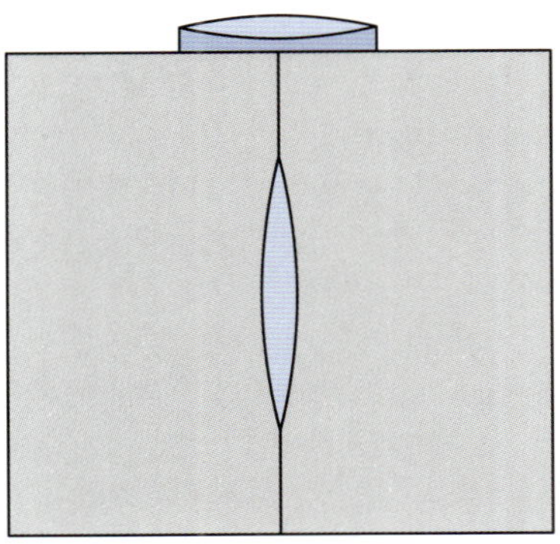

Abb. 4.4

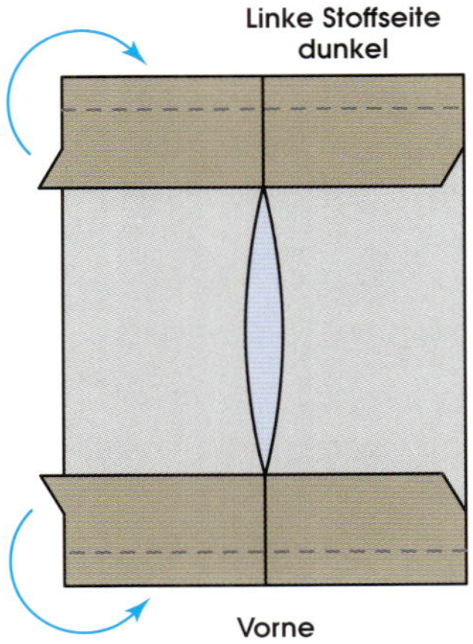

Abb. 4.5

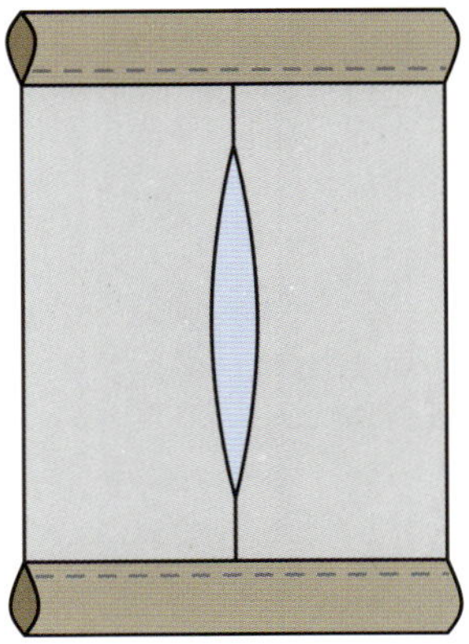

Abb. 4.6

6. Zuerst von außen über die obere Heftnaht steppen. Dann noch einmal von innen. Dasselbe am unteren Ende wiederholen. Am Ende sehen die Nähte aus wie in Abb. 4.7.

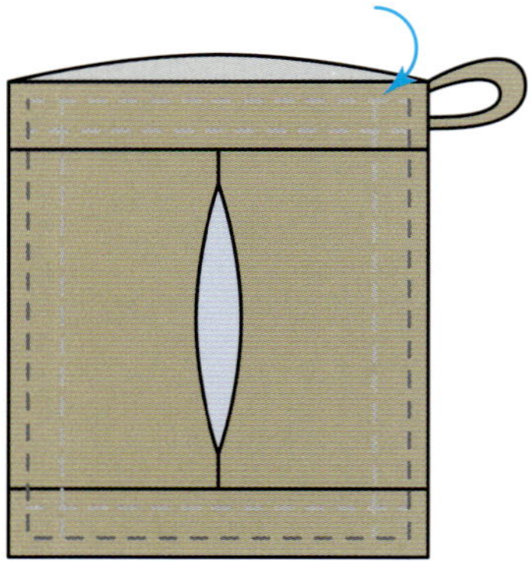

Abb. 4.7

7. Für die kleine Schlaufe: Falten Sie das kleine Rechteck längs rechts auf rechts. Mit 1,25 cm Zugabe Längsnaht schließen. Nach rechts wenden. Bügeln. Doppelt legen und mit den Schnittkanten unterhalb der Innentaschen-Oberkante feststecken.

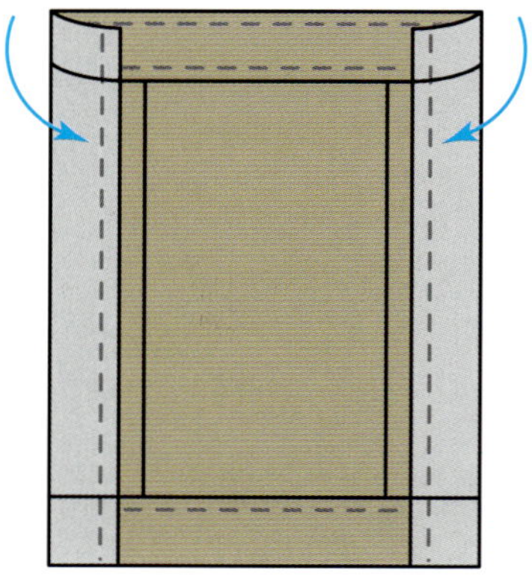

Abb. 4.8

8. Schlagen Sie die seitlichen Schnittkanten ein. Bügeln. Mit 1,25 cm Zugabe festheften.

9. Legen Sie die linke Seite der Tasche auf die rechte Seite des Futterstoffes, wo Sie die Innentasche platzieren möchten. Hier sitzt sie 6 cm unterhalb der Oberkante in der Mitte. Feststecken und Unter- und Seitenkanten feststeppen. Dabei über die kleine Schlaufe nähen.

Tipp!

Erschrecken Sie nicht, wenn Sie einen Blick ins Innere Ihrer Tasche werfen und zu viel Futterstoff entdecken. Dies ist eine Wendetasche. Innen- und Außenseite sind also genau gleich groß. Daher bauscht sich das Innere immer ein wenig. Bei normalen Taschen wird das Innenleben stets ein wenig kleiner zugeschnitten und passt daher, ohne Falten zu werfen.

Tapetenwechsel für Ihre Tasche. Wendetaschen machen's möglich.

Schlaufen

1. Falten Sie den Streifen (5 x 30 cm) aus braunem Batikstoff längs rechts auf rechts.

2. Säumen Sie die Längsseite mit 1,5 cm Nahtzugabe. Nach rechts wenden.

3. Schneiden Sie den Streifen in vier Stücke zu je 7,5 cm. Falten Sie jeden Streifen in der Mitte aufeinander.

Griffe

1. Messen Sie die Entfernung zwischen den Griffbügeln und teilen Sie durch 2.

2. Falten Sie die Oberkante der beiden gequilteten Stücke aus braunem Batikstoff in der Mitte. Mit einer Stecknadel markieren.

3. Dann messen Sie von diesem Punkt so viele Zentimeter nach außen ab, wie die Zahl in Ziffer 1 ergibt. Markieren Sie diese Punkte mit einer Stecknadel.

4. Legen Sie die vier Schlaufenstücke auf die markierten Stellen, sodass die Schnittkanten auf der Schnittkante der Tasche liegen. Feststecken.

Zusammennähen

1. Legen Sie die braunen Batikstücke rechts auf rechts aufeinander. Nähen Sie sie an drei Seiten mit 1,25 cm Nahtzugabe aneinander. Bügeln Sie die Säume nach hinten. Wenden Sie die Tasche.

2. Legen Sie die Tasche aus gelbem Futterstoff rechts auf rechts aufeinander. Nähen Sie sie an drei Seiten zusammen. Lassen Sie unten etwa 12,5 cm offen. Sichern Sie die Nähte. Säume nach vorne umbügeln.

3. Stecken Sie die braune Batiktasche rechts auf rechts in die gelbe Batiktasche. Mit 1,25 cm Nahtzugabe um die Oberkante herum nähen. Achten Sie darauf, auch die vier Schlaufen festzunähen. Wenden Sie die Tasche durch die Öffnung. Nahtzugabe in der Öffnung versenken. Schließen Sie diese mit Blindstich. Bügeln Sie die Tasche sachte glatt.

Black
Beauty

Dieser elegante Beutel wird aus Ausbrennersamt gefertigt, ein schickes Gewebe, das samtige mit seidigen Teilen zu einem kunstvollen Muster kombiniert. Es ist leicht zu verarbeiten, muss vorher allerdings geheftet werden, weil es sonst beim Nähen verrutscht. Die Tasche ist innen mit hellerer Dupionseide gefüttert, welche durch die Chiffonteile des Außenstoffes schimmert. Für den Kräuselverschluss verwenden wir eine Viskosekordel, während der Boden der Tasche mit einer Perlenfranse verziert wird.

Fertige Größe

circa 26 x 20 cm

(ohne Fransen)

Stoffe und Zubehör

- Ausbrennersamt in Schwarz, 50 x 135 cm
- Dupionseide in Dunkelgrau, 50 x 135 cm
- 2 Viskosekordeln in Schwarz, 90 cm lang
- Stretchnadel für die Maschine
- passende Perlenfranse, 25 cm lang
- passendes Nähgarn
- Sicherheitsnadel
- Stecknadeln, Schere
- Schnittmuster

Vorbereitung

1. Zuschnitt wie folgt:

- 2 x Ausbrennersamt wie Abb. 4.9
- 2 x Dupionseide wie Abb. 4.9
- Vergrößern Sie Abb. 4.9 auf: Höhe 26 cm, Oberkante 20 cm
- 2 x Samtstreifen, 9 x 38 cm

2. Nähen Sie mit 1,25 cm Zugabe einmal über die Oberkante beider Samtteile.

3. Nähen Sie mit 1,25 cm Zugabe einmal über eine Länge von 25 cm über die untere Rundung an der Unterkante beider Samtteile.

Der kleine Kick

1. Legen Sie die Perlenfranse so auf die untere Heftnaht der Samtstücke, dass die Fransen zur Oberkante zeigen wie in Abb. 4.9.

2. Drapieren Sie die Fransen-Oberkante genau an der Naht.

3. Stecken und heften Sie sie fest. Achten Sie darauf, dass der Stoff beim Heften keine Falten wirft. Der Fransenansatz muss völlig flach aufliegen wie im Foto unten.

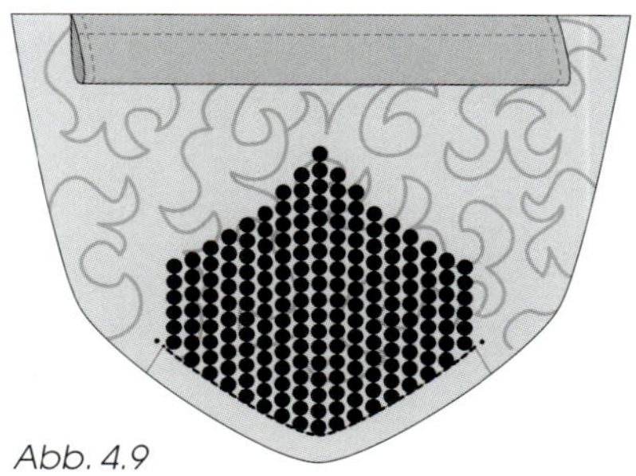

Abb. 4.9

Tipp!

Hier können Sie endlich die ererbte Stoffsammlung Ihrer Oma einsetzen oder in eigenen Beständen wühlen. Lassen Sie Ihrer Prunksucht freien Lauf!

Wie viele Perlen Sie verwenden wollen, hängt ganz von Ihnen ab. Jede Tasche ist schließlich ein Einzelstück. Meine Perlenfransen waren zwar eigentlich für das Dekolleté gedacht, doch hier unterstreichen sie effektvoll die V-Form der Tasche.

Die Heftnaht darf nicht ziehen, damit der Stoff am Fransenansatz keine Falten wirft.

Besatz

1. Klappen Sie die Enden der Samtstreifen auf die linke Seite und schlagen Sie sie doppelt ein wie in Abb. 4.10. Der Einschlag beträgt etwa 2,5 cm. Nähen Sie den Einschlag fest.

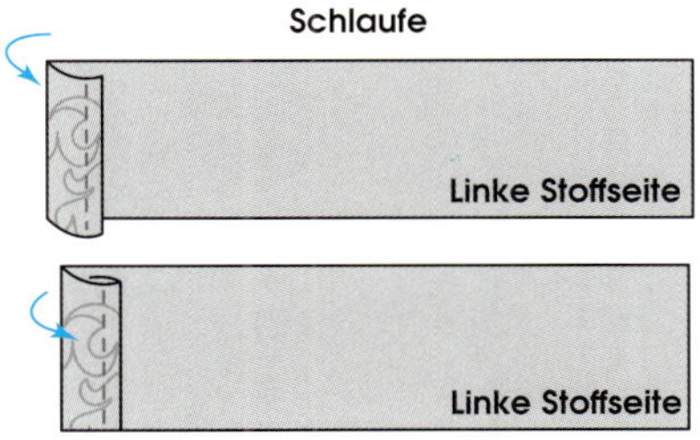

Abb. 4.10

2. Wiederholen Sie den Vorgang an allen Enden der beiden Streifen. Ist der Stoff zu glatt, heften Sie ihn vorher. Falten Sie jeden Streifen dann längs links auf links. Heften Sie die Schnittkanten des Streifens aufeinander. Legen Sie den Streifen mittig auf die Oberkante einer Taschenseite, sodass sich die beiden Schnittkanten treffen.

3. Wiederholen Sie den Vorgang mit dem anderen Streifen. Nähen Sie die Streifen dann mit einer Nahtzugabe von 1,25 cm fest.

Der weiche Ausbrennersamt und die glitzernden Jettperlen machen diese Tasche zu einem idealen Begleiter für die Oper.

Zusammennähen

1. Legen Sie die zwei großen Samtteile rechts auf rechts aufeinander. Stecken Sie sie an der Außenkante fest. Achten Sie darauf, dass Perlen und Schlaufen innen zwischen den Stoffteilen liegen.

2. Nähen Sie das Stück, auf dem der Perlenansatz sitzt, mit Steppstich per Hand fest. Achten Sie darauf, dass der Faden nicht zieht. Nähen Sie die restlichen Säume mit der Maschine und einer Nahtzugabe von 1,25 cm. Zur Sicherheit sollten Sie neben die erste Naht noch eine zweite setzen. Versäubern Sie dann die Nahtzugabe, nicht aber den Streifen, der die Perlen hält.

3. Legen Sie die Seidenteile rechts auf rechts aufeinander. Stecken Sie sie an der Außenkante fest. Säumen Sie die Seide an den Seiten mit 1,25 cm Nahtzugabe. Lassen Sie eine etwa 8 cm große Öffnung an der Seite offen wie in Abb. 4.11. Sichern Sie die Nähte. Nähen Sie einen zweiten Saum nah am ersten und versäubern Sie die Nahtzugaben.

4. Wenden Sie die Samttasche, stecken Sie sie rechts auf rechts in die Seidentasche. Die Schlaufen liegen zwischen Samt und Seide. Nähen Sie mit 1,25 cm Zugabe um die Oberkante herum. Auch hier nähen Sie einen zweiten Saum nahe am ersten und versäubern die Nahtzugabe.

5. Wenden Sie die Tasche durch die 8-cm-Öffnung auf die rechte Seite. Versenken Sie die Nahtzugabe in der Öffnung und schließen Sie diese mit Blindstich. Streichen Sie das Futter nach innen und drücken Sie die Schlaufen nach oben.

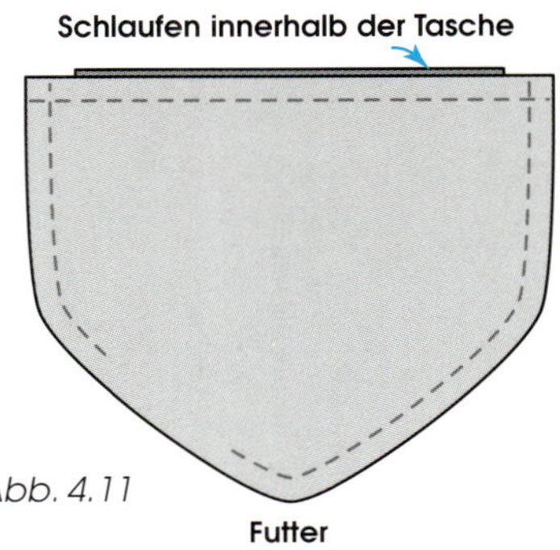

Abb. 4.11

Kordeldurchzug

1. Stechen Sie eine Sicherheitsnadel durch eine der Kordeln und schieben Sie sie so durch eine der Schlaufen wie in Abb. 4.12. Verknoten Sie die Kordel.

2. Mit der anderen Schlaufe wiederholen. Ziehen Sie die Kordel aber von der anderen Seite her ein.

3. Ziehen Sie die Tasche an beiden Seiten gleichzeitig zusammen.

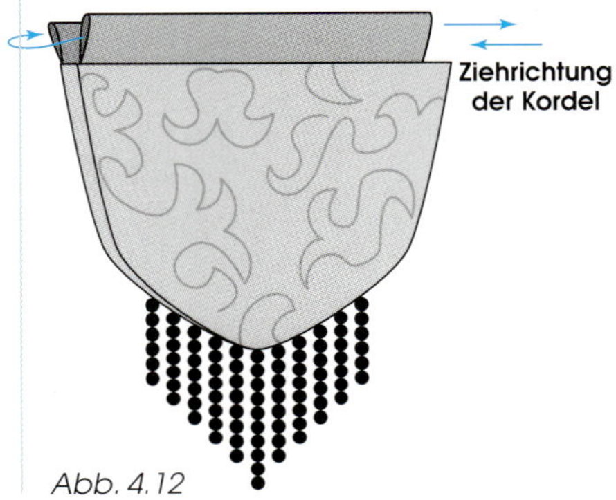

Abb. 4.12

Scarlett

Der leichte blaugrüne Velours ist so weich, dass er innen versteift werden muss, damit er in Form bleibt. Auch die Füllung aus limettengrüner Dupionseide ist sehr leicht, erhält aber durch das Vlies Stabilität. Der Rakuknopf macht diese Tasche zu etwas ganz Besonderem. Raku ist eine spezielle Form japanischer Keramik und der Knopf wurde extra für diese Tasche gefertigt. Natürlich können Sie auch jeden anderen künstlerisch gestalteten Knopf nehmen, ihn auf schwarzes Wildleder aufnähen und dieses mit eleganten Seidenquasten verzieren.

Fertige Größe

circa 24 x 21 cm

Stoffe und Zubehör

- blaugrüner Velours, 70 x 135 cm
- schwarzes Wildleder, 25 x 25 cm
- limettengrüne Dupionseide, 50 x 135 cm
- Volumenvlies
- Kordel, 140 cm
- 100er Topstitch-Nadel
- passendes Nähgarn
- Stoffkleber
- Sprühzeitkleber
- Raku-Knopf
- quadratische Pappe, 6 x 6 cm
- 5 Seidenquasten, ca. 7 cm lang
- Anstecknadel
- Sicherheitsnadel
- Vorlagenkopien

Vorbereitung

1. Zuschnitt wie folgt:
- 2 x Veloursamt wie Abb. 4.13
- 2 x Dupionseide wie Abb. 4.13
- 2 x Volumenvlies wie Abb. 4.13
- Vergrößern Sie Abb. 4.13 bis auf 26 cm Höhe und 20 cm Breite Oberkante
- 2 x Veloursstreifen, 9 x 38 cm
- 2 x unregelmäßige Veloursstücke wie Abb. 4.13 (Schnitt von der Vergrößerung abzeichnen)
- 2 x 70 cm Kordel
- Wildlederquadrat, 8 x 8 cm
- Wildlederquadrat, 6 x 6 cm

2. Sprühen Sie die Seide mit Sprühzeitkleber ein. Auf die linke Seite des Vlieses legen. Glätten.

Der kleine Kick

1. Quilten Sie Einlage und Seide aufeinander. Wenn möglich, arbeiten Sie mit zwei Oberfäden aus 30er Stickgarn, das Sie mit einer 100er Nadel nähen. Andernfalls nehmen Sie einfache Nähseide.

2. Zeichnen Sie freie Linien auf Schnittpapier vor. Legen Sie dieses auf die Seide und nähen dann beide Lagen entlang der Linien aneinander. Reißen Sie das Papier vorsichtig ab.

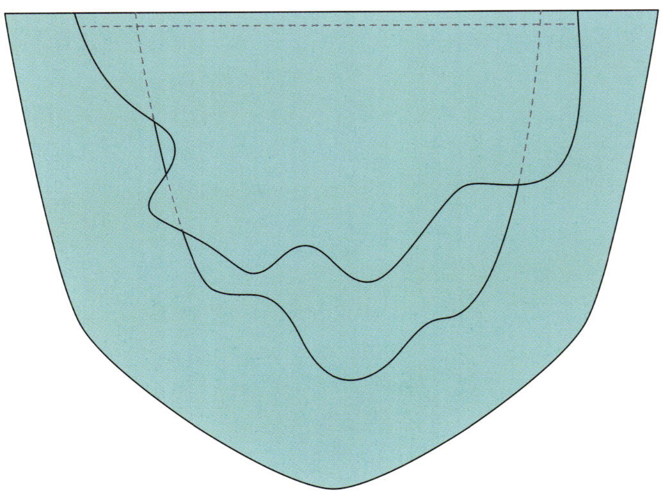

Abb. 4.13

Zusammennähen

1. Legen Sie beiden Zierteile auf die Oberseite der Tasche wie in Abb. 4.13. Stecken Sie sie am oberen Rand fest. Eventuell säumen.

2. Folgen Sie ab hier den Anleitungen für *Black Beauty* auf Seite 37–39.

Der fertige Raku-Anstecker schmückt Taschen ebenso wie Jacken oder Gürtel.

Zierknopf

1. Sie brauchen: 1 Knopf von ca. 4 cm Durchmesser, fünf Seidenquasten (Länge: 7 cm ohne Schlaufe), eine Anstecknadel, Stoffkleber und weiches, schwarzes Wildleder.

2. Nehmen Sie das Pappquadrat zur Hand.

3. Legen Sie das größere Wildlederquadrat mit der rauen (rechten) Seite nach unten und ziehen mit Stoffkleber einen Ring wie in Abb. 4.14.

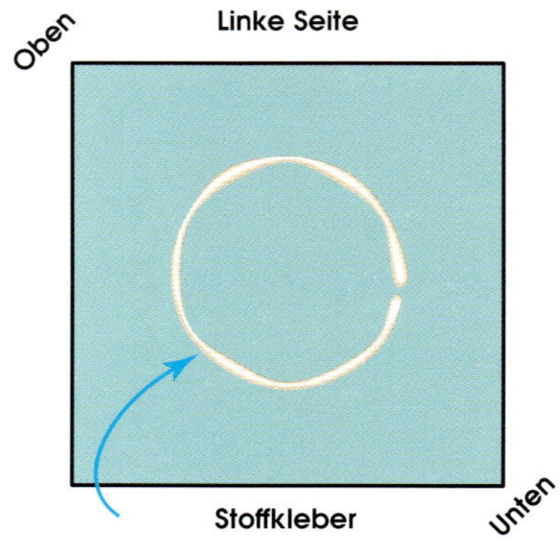

Abb. 4.14

4. Legen Sie das Pappquadrat auf das Wildleder wie in Abb. 4.15.

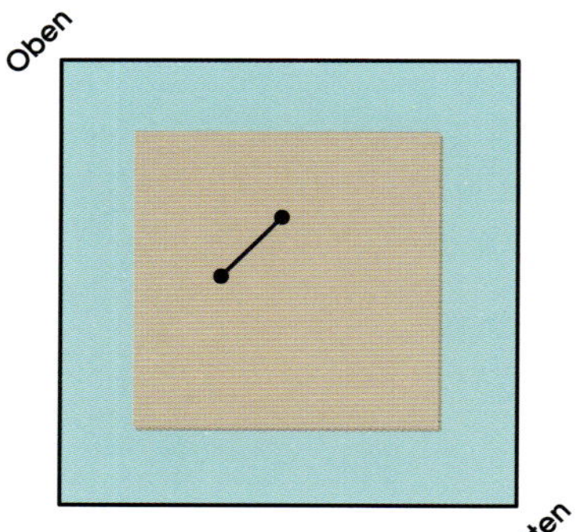

Abb. 4.15

5. Ziehen Sie mit Stoffkleber eine dünne Linie um den Außenrand des Wildleders wie in Abb. 4.16. Falten Sie die vier Ecken nach innen.

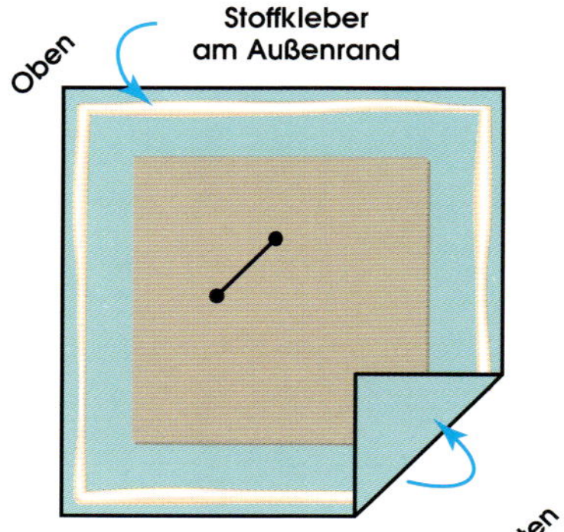

Abb. 4.16

6. Ziehen Sie mit Stoffkleber eine dünne Linie auf jeder Ecke wie in Abb. 4.17. Falten Sie nun die Seiten nach innen. So passen die Ecken genau aufeinander.

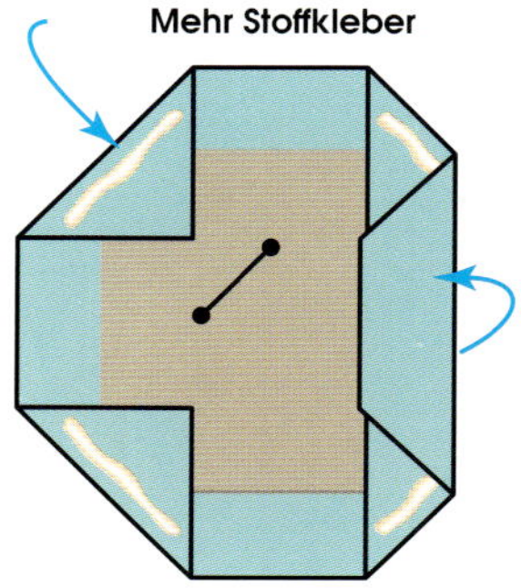

Abb. 4.17

7. Drehen Sie das Quadrat um und stellen Sie es auf die Spitze. Legen Sie den Knopf in die Mitte und nähen Sie ihn an. Stechen Sie dabei von hinten ein wie in Abb. 4.18.

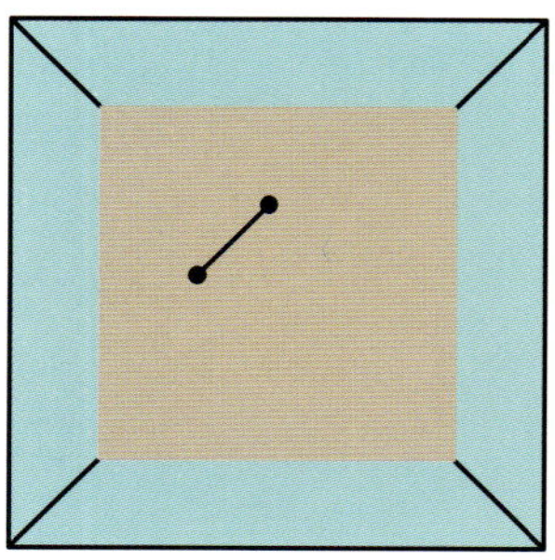

Abb. 4.18

8. Ziehen Sie mit Stoffkleber eine dünne Linie um die untere Ecke des Quadrats (Rückseite). Legen Sie die fünf Quasten nebeneinander. Drücken Sie die Quastenschlaufen leicht in den Stoffkleber.

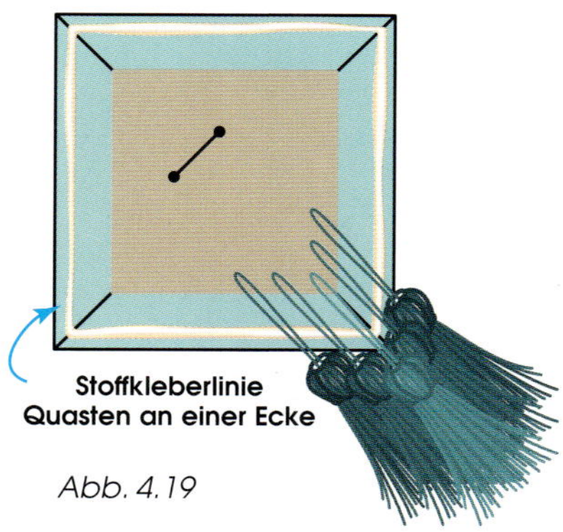

Abb. 4.19

9. Ziehen Sie erneut eine Stoffkleberlinie um den äußeren Rand des Quadrats. Legen Sie nun das kleinere Quadrat mittig auf die Rückseite des fertigen. Drücken Sie an. Befestigen Sie die Anstecknadel mit Stoffkleber wie in Abb. 4.20. Achten Sie darauf, dass die Fransen jetzt nach unten hängen.

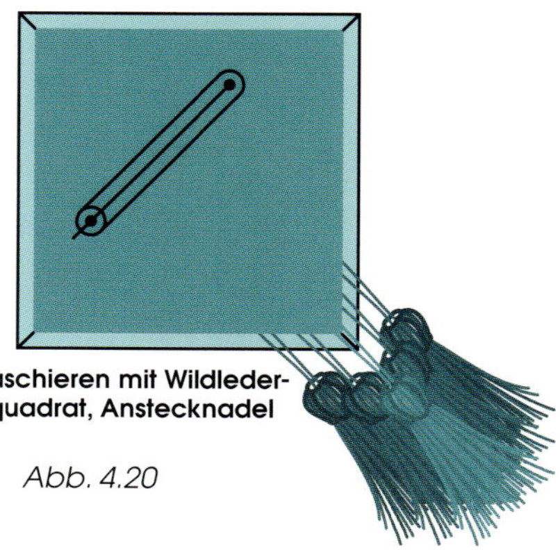

Abb. 4.20

Geheimnis des Orients

Die rote Dupionseide hat eine ähnliche Struktur wie Leinen. Hier ist sie mit Stoffmalerei verziert und wird von einer Viskosekordel gehalten. Da Dupionseide ein recht dicker Stoff ist, habe ich auf Besatz verzichtet und die Kordel mit Kordelschlingen befestigt. Das Innenfutter aus reiner Baumwolle ist mit japanischen Schriftzeichen bedruckt und mit grauem Faden gequilted. Die Außenseite der Tasche schmückt das Schriftzeichen für „Traum", vorne ziert es eine Glück verheißende goldene Libelle.

Fertige Größe

circa 24 x 27 cm

Stoffe und Zubehör

- rote Dupionseide, 45 x 135 cm
- grauer Baumwolldruck, 45 x 140 cm
- Volumenvlies
- Viskosekordel, 240 cm
- passende Nähseide
- 3 schwarze Quasten, 7,5 cm lang
- Schablonen für Schriftzeichen und Libelle
- goldene Stofffarbe
- schwarze Stofffarbe
- Pinsel, Schwammapplikator
- Sicherheitsnadel
- Pappquadrat, 40 x 40 cm
- Teflontuch zum Bügeln
- Bügeleisen
- Löffel zum Beschweren
- Schnittmuster (siehe Seite 41)

Vorbereitung

1. Zuschnitt wie folgt:
- 2 x rote Dupionseide wie Seite 41, Abb. 4.13
- 2 x graue Baumwolle wie oben
- 2 x Volumenvlies wie oben
- 12 Kordelstücke à 12,5 cm
- 2 Kordelstücke à 45 cm

Der kleine Kick

Schriftzeichen

1. Legen Sie eines der Seidenstücke mit der rechten Seite nach oben auf den Karton. Schablone auflegen und beschweren.

2. Streichen Sie den Stoff nicht aus, damit die Farbe nicht in den Falten verschwindet.

3. Tauchen Sie den Schwammapplikator in die schwarze Farbe und tragen Sie diese über der Schablone auf. Dupionseide nimmt viel Farbe auf. Lassen Sie das Stück 24 Stunden trocknen.

4. Wenn die Farbe völlig trocken ist, legen Sie das Teflontuch über die Farbe und bügeln Sie auf niedrigster Temperatur ohne Dampf darüber. So fixieren Sie die Farbe. Das Ganze sollte aussehen wie auf dem Foto rechts.

Das mit schwarzer Farbe aufgemalte japanische Schriftzeichen wird mit dem Bügeleisen fixiert.

Die Glück verheißende goldene Libelle hat sich auf der Seidentasche niedergelassen und beschützt ihren Inhalt.

Libelle

1. Legen Sie die Seide mit der rechten Seite nach oben auf den Karton.
2. Legen Sie die Schablone auf und beschweren Sie diese mit Löffeln.
3. Tauchen Sie den Pinsel in die Metallfarbe und bedecken Sie die Schablone dick mit Farbe.
4. Lassen Sie den Stoff eine gute Stunde liegen.
5. Nehmen Sie die Schablone ab und lassen Sie die Farbe 24 Stunden lang trocknen.
6. Legen Sie das Teflontuch darüber und fixieren Sie die Farbe mit dem Bügeleisen auf niedrigster Temperatur (siehe Foto rechts).

Die goldene Libelle muss 24 Stunden trocknen, bevor sie aufgebügelt wird.

Zusammennähen

1. Falten Sie die kleinen Kordelstücke mittig zusammen und legen Sie sie in regelmäßigen Abständen auf den oberen inneren Rand der beiden Seidenstücke. Heften Sie sie fest wie in Abb. 4.21. Sie halten den Kordelgriff.

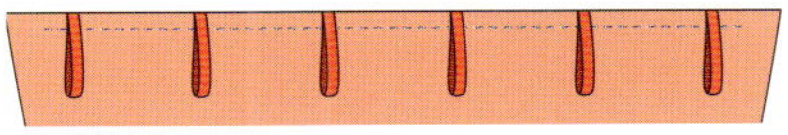

Abb. 4.21

2. Nähen Sie nun die Quasten mit schwarzer Nähseide zusammen. Stechen Sie dabei durch die Verdickung oberhalb der Fransen wie auf Abb. 4.22. Den Knoten verbergen Sie zwischen den Fransen. Befestigen Sie die große Quaste an der Unterseite der Tasche wie auf Abb. 4.23.

3. Nähen Sie die Tasche zusammen wie auf Seite 39 beschrieben.

Abb. 4.22

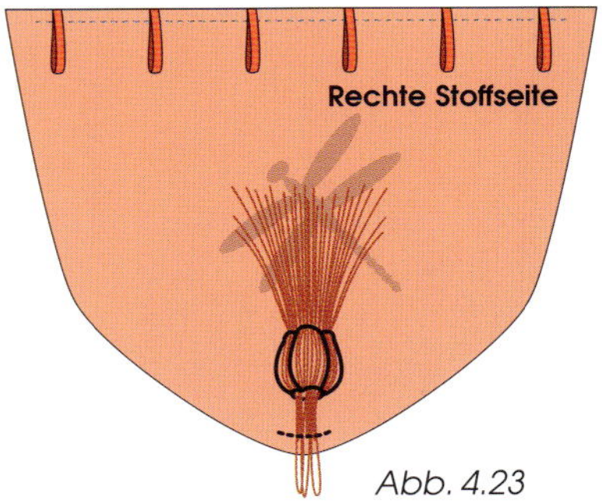

Abb. 4.23

Für den Verschluss ziehen Sie die Zugkordel durch die Kordelschlaufen.

4. Ziehen Sie eines der längeren Kordelstücke durch die Schlaufen. Knoten Sie die Enden zusammen.
5. Das andere Stück ziehen Sie in entgegengesetzer Richtung durch, wobei Sie ebenfalls die Enden verknoten.

Lavendel-liebe

Diese Tasche wurde aus mehrfarbigem Batikdruck und lavendelfarbigem Leinen genäht. Verziert ist sie mit einer Borte aus grünen Chenillefransen und Zickzack-Stickerei. Der Griff wurde aus Leinenschlaufen und einer Baumwollkordel gemacht. Der Boden der Tasche wird mit Karton verstärkt. Das Leinenfutter sorgt dafür, dass Sie das Stück im Notfall auch wenden können – ein echter Klassiker.

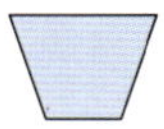

Fertige Größe

circa 20 x 22,5 cm

Stoffe und Zubehör

- Leinenstoff in Lavendel, 90 x 150 cm
- Batikstoff in Baumwolle, 50 x 140 cm
- Leinen-Schrägstreifen für Besatz, 10 x 57 cm
- Leinen-Schrägstreifen für Griffe, 6 x 25 cm (2 x)
- Stickvlies zum Ausreißen, 25 x 30 cm
- Volumenvlies zum Aufbügeln
- Schneider-Kopierpapier
- Zickzackmuster
- Fransenborte in Grün, 25 cm
- passendes Nähgarn
- Stickgarn in Grün oder Multicolor
- Sicherheitsnadel, Stoffkleber
- steifer Karton, 5 x 22,5 cm
- Baumwollkordel, 2 x 25 cm
- Teflontuch zum Bügeln
- Bügeleisen
- Stecknadeln, Schere
- Schnittmuster

Tipp!

Achten Sie beim Zuschnitt auf den Musterverlauf. Schneiden Sie jedes Teil einzeln. Auch bei der Herstellung von Schrägband muss beachtet werden, dass jeder Stoff sich anders dehnt.

Vorbereitung

1. Zuschnitt wie folgt:
- 2 x Leinenstoff wie in Abb. 4.24. Vergrößern Sie das Bild auf: 20 cm Oberkante, 30 cm Unterkante, Höhe 25 cm (1.1)
- 2 x Volumenvlies wie Abb. 4.24
- 2 x Batikstoff wie in Abb. 4.25 oben. Maße: 20 cm Oberkante, 26 cm Unterkante, Höhe 16 cm. Zugabe 5 cm* (1.2)
- 2 x Baumwollvlies wie Abb. 4.25 oben. Zugabe 5 cm
- 2 x Stickvlies wie Abb. 4.25 oben. Zugabe 5 cm
- 2 x Leinenstoff wie Abb. 4.25 unten. Maße: Oberkante 26 cm, Unterkante 30 cm, Höhe 11 cm (1.3)
- 2 x Volumenvlies wie Abb. 4.25 unten

2. Bügeln Sie das passende Baumwollvlies links auf das größere Stück Leinenstoff (2 x).
3. Bügeln Sie die Vliese auf den Batikstoff (2 x).
4. Legen Sie die Batik-Vlies-Teile auf die Stickvliese und stecken Sie sie fest.
5. Bügeln Sie die Vliese auf die kleineren Leinenstücke auf.
6. Machen Sie zwei Kopien von dem Zickzackmuster auf Seite 87 und übertragen Sie sie auf Schneider-Kopierpapier.

*Die Zugabe soll verhindern, dass durch das Quilten Stoffbreite bzw. Stofflänge verloren geht.

Der kleine Kick

1. Legen Sie das Zickzackmuster auf Papier über die drei Lagen aus Batik, Vlies und Verstärker.
2. Stecken Sie alle drei Lagen fest. Tun Sie dies bei beiden Stücken.
3. Fädeln Sie den Dekofaden fürs Sticken in die Maschine ein.
4. Wählen Sie Satinstich mit 3 mm Stichbreite. Probieren Sie ruhig aus, wie breit Sie die Naht haben wollen. Nähen Sie an den Linien entlang. Wenn die Naht an den Ecken nicht klappt, setzen Sie ab und neu an. Achten Sie darauf, dass Sie am Eckpunkt neu einsetzen.
5. Wenn Sie fertig sind, entfernen Sie das Stickvlies unten und das Papier oben.
6. Schneiden Sie die Stücke neu zu: Oberkante 20 cm, Unterkante 26 cm, Höhe 16 cm.

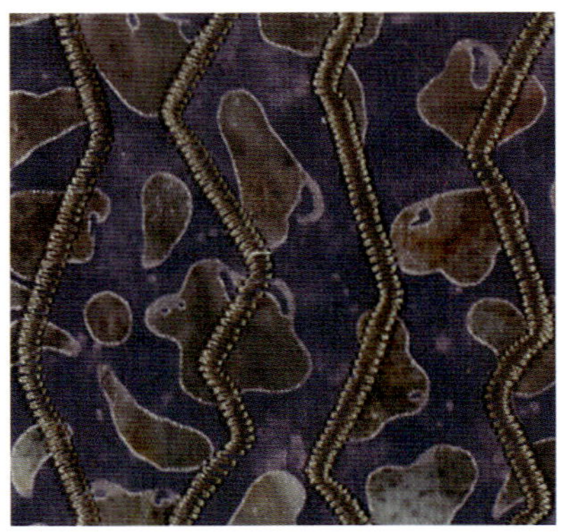

Tipp!

Natürlich können Sie statt des Zickzackmusters auch Ihr Lieblingsstickmuster benutzen.

Zusammennähen

1. Legen Sie die gequiltete Batik und das Leinen-Vlies-Stück rechts auf rechts aufeinander. Nähen Sie beides mit 1,25 cm Zugabe zusammen. Bügeln Sie die Naht auf. Wiederholen Sie den Vorgang für die zweite Garnitur Stoffstücke.

2. Legen Sie nun die beiden Leinen-Batik-Stücke rechts auf rechts aufeinander, stecken Sie sie an den Seiten fest und nähen Sie diese mit 1,25 cm Nahtzugabe zusammen.

3. Schneiden Sie das überstehende Vlies an den Säumen weg. Bügeln Sie die Zugaben auf.

4. Nähen Sie die Unterkante mit 1,25 cm Nahtzugabe zusammen. Bügeln Sie die Naht auf.

5. Falten Sie die Ecken auf wie auf Seite 17. Messen Sie 2,5 cm von der Ecke nach innen, markieren Sie und nähen Sie quer über die Seitenkante.

6. Schlagen Sie die Ecken ein und nähen Sie sie fest. Wenden.

7. Nun legen Sie die beiden Futterstücke rechts auf rechts aufeinander. Feststecken. Nähen Sie sie an drei Seiten mit 1,25 cm Zugabe zusammen. Versäubern Sie die Naht. Bügeln.

8. Machen Sie im Futter einen Boden wie unter Punkt 5–6. Schneiden Sie den Karton zu und versteifen Sie damit den Boden wie auf Seite 17.

9. Stecken Sie das Futter links auf links in die Außentasche, sodass die Seitennähte aufeinander liegen. Feststecken.

Griffe

1. Falten Sie die beiden Leinenstreifen längs rechts auf rechts aufeinander. Nähen Sie zwei Schlaufen mit 1 cm Zugabe. Sichern Sie die Nähte.

2. Wenden Sie die Schlaufen mit der Sicherheitsnadel. Achten Sie darauf, dass beide Schlaufen gleich lang sind.

3. Ziehen Sie die Baumwollkordel ein. Schneiden Sie an jedem Ende etwa 1,25 cm von der Kordel ab, bevor Sie sie wieder in die Schlaufe stecken. So bleiben die Ansatzstücke zum Festnähen flach.

4. Falten Sie die Tasche der Länge nach mittig. Markieren Sie mit einer Stecknadel den Punkt und messen Sie jeweils 4 cm nach außen. Erneut markieren.

5. Legen Sie nun die Griffe so an der Außenseite auf, dass ihre Schnittkante bündig mit der Oberkante der Tasche abschließen. Heften Sie die Griffe an.

Besatz

1. Messen Sie die Oberkante der Tasche aus. Fügen Sie 2,5 cm Nahtzugabe hinzu. Schneiden Sie den Schrägstreifen auf dieses Maß zu. Falten Sie ihn rechts auf rechts. Vernähen Sie die kurzen Enden mit 1,25 cm Zugabe.

2. Bügeln Sie den Saum auf. Falten Sie den Streifen längs links auf links. Bügeln.

3. Legen Sie den Streifen rechts auf rechts auf die Oberkante der Tasche wie in Abb. 4.24, Schnittkanten aufeinander. Der Saum des Besatzes liegt über einer Seitennaht. Feststecken und einmal mit 1,25 cm Nahtzugabe um die Oberkante herumnähen. Bügeln Sie den Streifen, sodass der Falz nach oben zeigt.

4. Klappen Sie den Streifen nach unten. Führen Sie den 2,5 cm hohen Vliesstreifen ein. Er macht den Besatz rund, was besser zu den Griffen passt. Schlagen Sie den Besatz nach innen um, sodass er die Schnittkanten verdeckt.

Abb. 4.24

5. Feststecken und mit Blindstich festnähen.

Fransenborte

1. Legen Sie den Ansatz der Fransenborte über den Saum, der die beiden Taschenteile zusammenhält wie in Abb. 4.25. Legen Sie die Borte von einer Seitennaht zur anderen. Lassen Sie beide Endstücke etwa 1,25 cm überlappen. Schneiden Sie den Rest der Borte weg.

2. Tragen Sie dann reichlich Stoffkleber auf der Teilungsnaht auf und drücken Sie den Bortenansatz fest an.

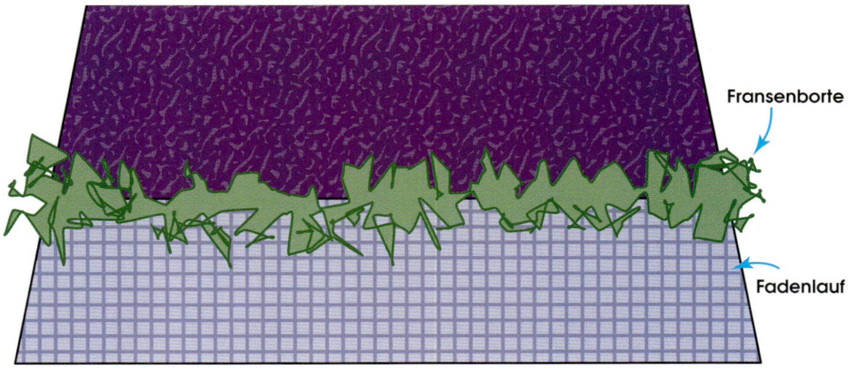

Abb. 4.25

Die Borte wird festgeklebt.

Eine Mischung exquisiter Stoffe gibt dieser Tasche Pfiff.

Rodeo-Ritt

Das Cowgirl-Motiv wurde hier mit bedrucktem Baumwollstoff im Stacheldraht-Design verarbeitet. Das Futter besteht aus Baumwolle in Blau bzw. Rot mit Sternenmuster. Die Ösen dienen als Halterung für die Zugkordel und als Schmuck.

Fertige Größe

circa 20 x 22

Stoffe und Zubehör

- Baumwolle mit Cowgirl-Motiv, 30 x 140 cm
- Baumwolle mit Stacheldraht-Motiv, 30 x 140 cm
- blaue Baumwolle mit Sternenmuster, 30 x 140 cm
- Stickvlies zum Ausreißen, 27,5 x 32,5 cm (2 x)
- rote Baumwolle mit Sternenmuster, 30 x 140 cm
- Sicherheitsnadel
- Stoffkleber
- steifer Karton, 5 x 12,5 cm
- 14 Ösen von 1 cm Durchmesser mit Ösenzange
- Maßband
- Bügeleisen
- selbst-entfernender Markierstift
- Stecknadeln
- Schere
- Schnittmuster

Vorbereitung

1. Zuschnitt wie folgt:

- 2 x blaue Baumwolle wie auf Seite 47, 1.1
- 2 x Stickvlies wie auf Seite 47, 1.1
- 2 x Cowgirl-Motiv wie auf Seite 47, 1.2
- 2 x Stacheldraht-Motiv wie auf Seite 47, 1.3
- 2 x rote Baumwolle, 5 cm x 37,5 cm (Trageriemen)
- blauer Baumwollstreifen, 10 x 17,5 cm (Bezug für die Kartonversteifung)
- blaues Schrägband, 7,5 x 57,5 cm (Besatz)

2. Legen Sie den Cowgirl-Stoff und den Stacheldraht-Stoff rechts auf rechts aufeinander. Feststecken und mit 1,25 cm Nahtzugabe zusammennähen. Gilt für Vorder- und Rückenteil.

3. Bügeln Sie die Säume glatt nach unten.

4. Legen Sie die Vliesstücke auf die linke Seite der Stoffstücke auf.

5. Bügeln Sie das Vlies auf.

Zusammennähen

1. Legen Sie die beiden Stoffstücke rechts auf rechts aufeinander. Stecken Sie die Seiten fest. Nähen Sie sie mit 1,25 cm Zugabe zusammen. Schneiden Sie das überstehende Vlies weg. Saum aufbügeln. Wenden.

2. Legen Sie die beiden Futterteile aus blauer Baumwolle rechts auf rechts aufeinander. Stecken Sie die Seiten fest und nähen Sie sie mit 1,25 cm Nahtzugabe zusammen. Kürzen Sie die Zugabe auf etwa 0,5 cm ein und bügeln Sie die Naht auf. (Dies ist keine Wendetasche, daher ist das Futter enger.)

3. Stecken Sie die Futtertasche links auf links in die Cowgirl-Tasche, sodass die Seitennähte übereinander liegen. Stecken sie beide Teile durch alle Lagen fest. Glätten Sie das Futter.

Der kleine Kick

1. Ziehen Sie mit unsichtbarem Markierstift von der Oberkante der Tasche eine waagrechte Linie 2,5 cm unterhalb der Kante.

2. Falten Sie die Tasche der Länge nach. Messen Sie von der Seitennaht je 3 cm nach innen. Machen Sie einen Punkt auf der waagrechten Linie. Messen Sie den Abstand zwischen den Punkten. Dritteln Sie ihn und machen Sie zwei weitere Punkte. Nun haben Sie vier senkrechte Striche auf jeder Seite.

3. Lesen Sie die Anleitung für die Ösen. Jede besteht aus einem Vorder- und Rückteil. Legen Sie das Vorderteil mittig auf eine der Markierungen. Ziehen Sie nun mit dem Marker einen Kreis. Tun Sie dies bei allen Punkten rund um die Tasche.

Tipp!

Sie brauchen eine gerade Anzahl von Ringen auf jeder Taschenseite, damit die Zugkordel, wenn Sie sie einfädeln, auf der Außenseite austritt.

4. Markieren Sie den Ring mit Stecknadeln. Dann schneiden Sie das Loch mit einer sehr scharfen Schere aus. Schneiden Sie das erste Loch ein wenig schmäler und probieren Sie aus, ob die Niete passt. Ist es zu eng, erweitern Sie das Loch ein bisschen und probieren nochmals. Der Stoff soll festsitzen, ohne verzogen zu werden.

5. Wenn Sie die richtige Lochgröße festgestellt haben, schneiden Sie den Rest der Löcher auf dieselbe Größe zu. Achten Sie jedoch immer auf die Herstellerangaben zu Ihren Nieten. Sie können recht verschieden ausfallen. Am Ende schneiden Sie noch drei Löcher in den Stacheldraht-Stoff. Sie sollten nicht zu tief liegen.

6. Grundsätzlich wird das Vorderteil der Niete von vorne durch den Stoff geschlagen, während man das rückwärtige Stück danach von der Innenseite her aufsetzt. Dann werden die beiden mit einer Zange ineinander gedrückt.

Besatz

1. Messen Sie die Oberkante der Tasche aus. Fügen Sie 2,5 cm Nahtzugabe hinzu.

2. Schneiden Sie den 7,5 cm breiten Stoffstreifen auf dieses Maß zu. Falten Sie ihn rechts auf rechts. Vernähen Sie die kurzen Enden mit 1,25 cm Zugabe. Bügeln Sie den Saum auf.

3. Falten Sie den Streifen längs links auf links. Bügeln. Legen Sie den Streifen rechts auf rechts auf die Oberkante der Außentasche, Schnittkanten aufeinander. Der Saum des Besatzes liegt über einer Seitennaht. Feststecken.

4. Einmal mit 1,25 cm Nahtzugabe um die Oberkante herumnähen. Bügeln Sie den Streifen, sodass der Falz nach oben zeigt.

5. Klappen Sie den Streifen nach innen. Schlagen Sie den Bruch um, sodass er auf der Naht an der Oberkante liegt. Feststecken und mit Blindstich festnähen.

Griff

1. Falten Sie die roten Stoffstreifen längs rechts auf rechts aufeinander. Säumen Sie die Längsseite mit 1,5 cm Zugabe. Achten Sie darauf, dass die Fadenspannung stimmt, damit der Saum später nicht aufgeht.

2. Jede Naht wird vorne und hinten gesichert. Lassen Sie die Nahtzugabe stehen. Sie sorgt dafür, dass der Griff dicker wird.

3. Wenden Sie die Schläuche mit einer Sicherheitsnadel.

4. Fädeln Sie den ersten Schlauch durch die Ösen. Bei der ersten fädeln Sie von außen ein und gehen durch alle Nieten wie in Abb. 4.26 dargestellt. An der achten Niete kommt der Schlauch wieder auf der Außenseite heraus.

5. Dann versenken Sie die Schnittkante eines Schlauchendes in sich selbst. Das andere Schlauchende stecken Sie in die soeben „entschärfte" Schnittkante. Verschließen Sie die Naht mit Blindstich, sodass aus Ihrem Schlauch ein Ring wird.

6. Wiederholen Sie den Vorgang mit dem anderen Schlauch.

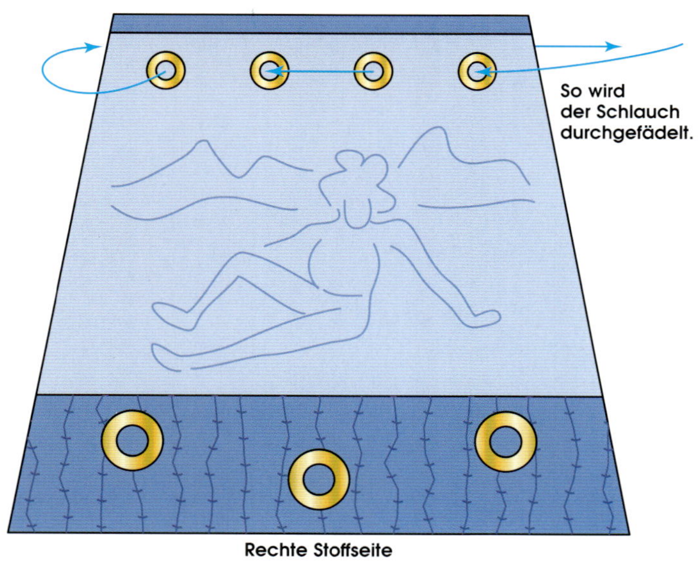

Abb. 4.26

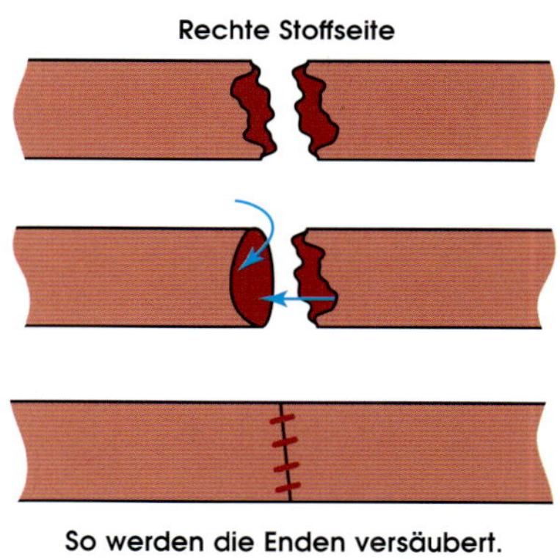

Abb. 4.27

Hier ist der Nieten-durchzug gut zu sehen.

Zu guter Letzt

1. Wenden Sie die Tasche nach außen, sodass die Cowboy-Motive aufeinander liegen. Säumen Sie die Unterkante mit 1,25 cm Nahtzugabe. Versäubern Sie das überstehende Vlies. Bügeln Sie den Saum auf. Falten Sie die Ecken. Messen Sie 2,5 cm nach innen. Nähen Sie quer über das Seitenstück.

2. Schlagen Sie die Ecken ein und machen Sie sie fest. Legen Sie den Karton auf den blauen Baumwollstoffstreifen.

3. Bringen Sie eine Linie Stoffkleber auf dem Stoffrand auf. Falten Sie die Ränder auf den Karton und drücken Sie ihn fest.

4. Setzen Sie einen Tupfen Stoffkleber auf die Mitte der Einlage (linke Seite) und drücken Sie sie fest auf den Boden der Taschen. So sind die Säume am Boden nicht zu sehen.

Mit dieser nietenbesetzten Tasche können Sie Ihr Lasso nach Cowboys auswerfen!

Jenseits von Afrika

Diese tolle Tasche im Safarilook zieren drei goldene Giraffen und pinkfarbene und goldene Sticksäume. Gefüttert ist sie mit Zebrastoff, den ich mit Goldfaden versteppt habe. Schick sind auch die Rattanbügel.

Fertige Größe

circa 20,5 x 21 cm

Stoffe und Zubehör

- Baumwolldruck mit Safarimotiv, 50 x 140 cm
- Baumwolldruck mit Zebrastreifen, 50 x 140 cm
- Volumenvlies
- schwarzer, fester Baumwollstoff, 90 x 140 cm
- Stickvlies zum Ausreißen, 27,5 x 32,5 cm (2 x)
- Viskosekordel, 100 cm
- passendes Nähgarn
- Stickgarn und Metallic-Garn*
- steifer Karton:
  - 5 x 12,5 cm
  - 17,5 x 12,5 cm (2 x)
- Tieranstecker mit Löchern
- Sprühzeitkleber
- Stecknadeln, Schere
- Schnittmuster

*Ich habe Gold und Pink als Farbe gewählt.

Vorbereitung

1. Zuschnitt wie folgt:
- 2 x Safaridruck wie auf Seite 47, 1.1
- 2 x Zebradruck wie S. 47, 1.1
- 4 x Volumenvlies wie S. 47, 1.1
- schwarzer Schrägstreifen, 10 x 57,5 cm
- 4 x Viskosekordel, 22,5 cm (Enden verknoten)

2. Besprühen Sie die linke Seite des Safari-Stoffes mit Kleber. Legen Sie diese auf das Volumenvlies (2 x).

3. Besprühen Sie die linke Seite des Zebra-Stoffes mit Kleber. Auf die passenden Stücke Volumenvlies legen (2 x).

Der kleine Kick

1. Nehmen Sie eines der Safari-Vlies-Stücke und heften Sie das Stickvlies darunter.

2. Setzen Sie nun mit Deko-Faden passend zum Muster eine Satinstich-Naht quer über das Stoffstück wie in Abb. 4.27. Wenn Sie das Stoffstück immer wieder leicht verschieben, wird eine geschwungene Linie daraus. Oder Sie nähen mit einem Ihrer Zierstichprogramme. Wiederholen Sie den Vorgang für das andere Stück Safaristoff.

3. Nun fädeln Sie den Metallic-Faden ein. Mit dem Freihand-Stickfuß Ihrer Nähmaschine nähen Sie geschwungene goldene Linien nach Belieben über den ganzen Zebra-Stoff. Quilten Sie beide Stücke.

Tipp!

Die Goldgiraffen waren eigentlich als Christbaumschmuck gedacht.

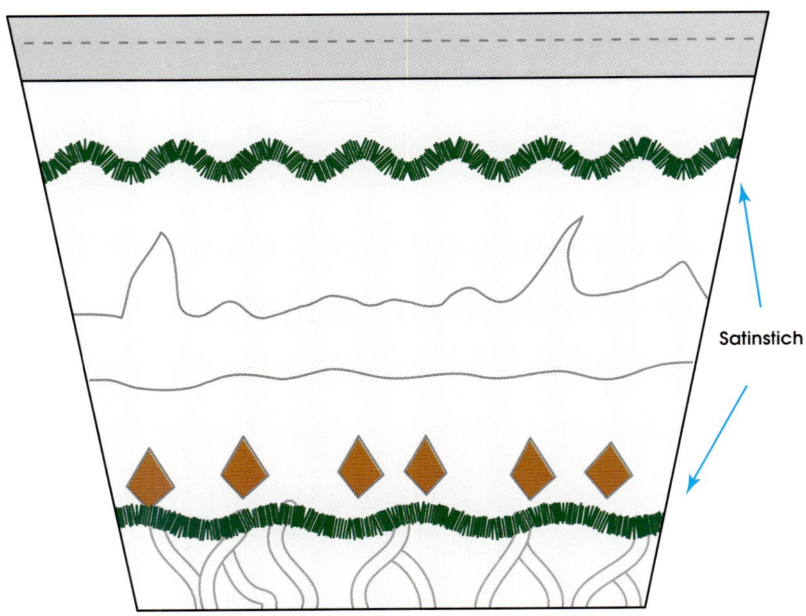

Abb. 4.27

Der Griff wird einfach festgeknotet.

Tipp!

Viskosekordel gehen leicht auf. Messen Sie Ihre 4 Stücke ab und machen Sie die Knoten, bevor Sie die Kordel durchschneiden.

Zusammennähen

1. Legen Sie die beiden Safaristücke rechts auf rechts aufeinander. Stecken Sie die Seitennähte fest und säumen Sie sie mit 1,25 cm Zugabe. Versäubern Sie das überstehende Vlies.

2. Schließen Sie die Unterkante mit 1,25 cm Zugabe und versäubern Sie die Naht. Falten Sie die beiden Ecken wie auf Seite 17. Messen Sie 2,5 cm nach innen und nähen Sie quer über die Seitenkante. Nach außen wenden.

3. Legen Sie das kleinere Stück Karton auf den Boden.

4. Wiederholen Sie Schritt 1 und 2 für den Zebra-Stoff. Stecken Sie nun die Futtertasche links auf links in die Außentasche. Innen glätten.

5. Mit dem größeren Karton verstärken Sie die Vorder- und Rückseite. Nähen Sie die Giraffen fest und stechen Sie dabei gleichzeitig durch den Karton, sodass dieser fest sitzt.

6. Markieren Sie mit einer Stecknadel die Mitte der Oberkante. Messen Sie den Abstand zwischen den Griffbügeln. Teilen Sie durch 2, messen Sie von der Stecknadel nach außen. Markieren Sie erneut. Dies auf beiden Seiten der Tasche.

7. Legen Sie die Kordelstücke doppelt. Versetzen Sie sie beim Festnähen etwa 1 cm nach innen wie in Abb. 4.28.

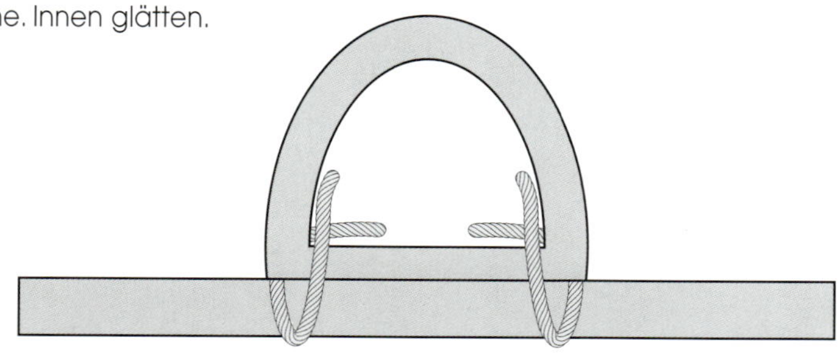

Griffdetail von innen.

Abb. 4.28 **Die Kordel ist unterhalb des Besatzes festgenäht.**

8. Für den Besatz messen Sie die Oberkante der Tasche aus und geben 2,5 cm zu. Schneiden Sie den schwarzen Schrägstreifen auf dieses Maß zu. Falten Sie ihn rechts auf rechts. Vernähen Sie die kurzen Enden mit 1,25 cm Zugabe. Bügeln Sie den Saum auf.

9. Falten Sie den Streifen längs links auf links. Bügeln. Legen Sie den Streifen rechts auf rechts auf die Oberkante der Außentasche, Schnittkanten aufeinander. Seitennähte übereinander. Feststecken.

10. Einmal mit 1,25 cm Nahtzugabe um die Oberkante herumnähen. Bügeln Sie den Streifen, sodass der Bruch nach oben zeigt.

11. Klappen Sie den Streifen nach innen, sodass die Schnittkante verdeckt ist. Schlagen Sie den Bruch um, sodass er auf der Innennaht der Oberkante liegt. Feststecken und mit Blindstich festnähen.

12. Knoten Sie die Kordel mehrmals über dem Griffansatz fest wie auf dem Foto oben.

Ein Hauch von Kalligrafie

Dieser geräumige Shopper in warmen Erdtönen und den schön geschwungenen kalligrafischen Zeichen ist etwas für jeden Geschmack. Als Futter habe ich Baumwolle mit Asienmotiven ausgewählt. Den letzten Kick geben die marmorierten Griffe der Wendetasche.

Fertige Größe

circa 31 x 36 cm

Stoffe und Zubehör

- brauner Polsterstoff mit Kalligrafiemuster, 50 x 135 cm
- Baumwollstoff mit Asienmotiven, 60 x 140 cm
- Volumenvlies
- Gewebevlies zum Aufbügeln, 50 x 35 cm (2 x)
- 2 marmorierte Polyestergriffe
- Sprühzeitkleber
- passendes Nähgarn
- Sicherheitsnadel
- schwarzes Stickgarn
- steifer Karton, 10 x 22,5 cm
- Stecknadeln, Schere
- Schnittmuster
- Spitzenholz

Tipp!

Große Motive erfordern unter Umständen mehr Stoff, je nach Muster- und Fadenlauf.

Vorbereitung

1. Zuschnitt wie folgt:

- 2 x Polsterstoff wie in Abb. 4.29. Vergrößern Sie den Schnitt auf: Oberkante 47 cm, Unterkante 37 cm, Höhe 31 cm, Ausschnittweite 18 cm (1.1).
- 2 x Baumwolldruck wie in 1.1
- 3 x Baumwolldruck, 50 x 100 cm
- 2 x Volumenvlies wie in 1.1
- 2 x Gewebevlies wie in 1.1 (ohne Nahtzugabe)

2. Bügeln Sie das Gewebevlies auf die linke Seite des Polsterstoffs. Bei beiden Stücken.

3. Sprühen Sie die linke Seite des Baumwollstoffs mit Sprühzeitkleber ein, legen Sie es auf das Volumenvlies und streichen Sie alles glatt. Die beiden Stücke werden gequiltet und dann auf die Größe des Polsterstoffs zugeschnitten.

Der kleine Kick

1. Nehmen Sie schwarzes Stickgarn und stellen Sie das Programm für Freihand-Sticken ein.

2. Nähen Sie geschwungene Ziernähte in Ihrem Lieblingsstich oder umrahmen Sie die vorhandenen Druckmotive.

3. Nähen Sie etwa 1 cm unterhalb der Schnittkante um die Grifföffnung herum – auf allen vier Stücken.

4. Falten Sie die drei langen Baumwollstreifen längs rechts auf rechts. Säumen Sie die Streifen mit 1,25 cm Nahtzugabe. Schneiden Sie die Streifen in 20 Stücke von je 14 cm Länge. Schließen Sie bei jeder Schlaufe ein kurzes Ende. Wenden.

5. Legen Sie die Schlaufen paarweise aufeinander. Platzieren Sie sie Schnittkante auf Schnittkante um die Grifföffnung. Heften Sie sie an wie in Abb. 4.29. Wiederholen Sie den Vorgang für das andere Stoffstück.

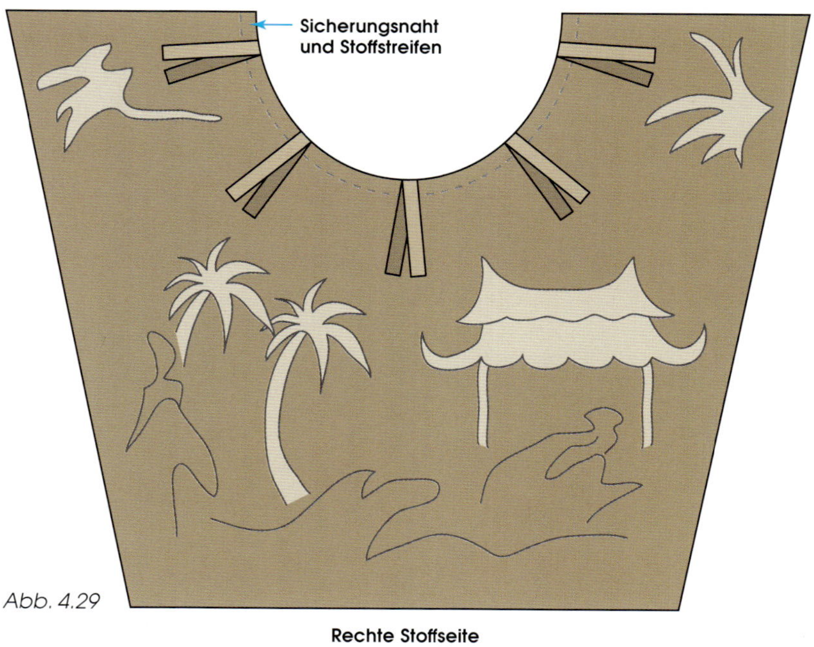

Abb. 4.29

Zusammennähen

1. Legen Sie die Polsterstoffstücke rechts auf rechts aufeinander. Feststecken. Schließen Sie die Seitennähte mit 1,25 cm Nahtzugabe. Versäubern Sie die Nähte. Bügeln Sie die Zugaben auf.

2. Schließen Sie die Unterkante. Naht versäubern und aufbügeln. Falten Sie die Ecken auf (Seite 17). Messen Sie 5 cm nach innen. Setzen Sie eine Quernaht.

3. Legen Sie die beiden gequilteten Baumwollstücke rechts auf rechts aufeinander. Feststecken. Schließen Sie die Seitennähte mit 1,25 cm Nahtzugabe. Versäubern Sie die Nähte. Zugaben aufbügeln.

4. Schließen Sie die Unterkante. Lassen Sie eine 12,5 cm breite Öffnung in der Mitte. Naht versäubern und aufbügeln. Falten Sie die Ecken ein. Messen Sie 5 cm nach innen. Quernaht setzen.

5. Wenden Sie die Polsterstoff-Tasche. Stecken Sie sie rechts auf rechts in die Futtertasche.

6. Schließen Sie die Oberkante mit 1,25 cm Nahtzugabe. Sichern Sie die Naht, indem Sie ein zweites Mal darüber nähen.

7. Kürzen Sie die Nahtzugabe auf 0,5 cm ein. Schneiden Sie das überstehende Vlies weg.

8. Schneiden Sie die Nahtzugabe um die Rundung herum alle 1,25 cm ein. So lässt sich die Tasche leichter wenden und der Griffansatz bleibt glatt.

9. Wenden Sie die Tasche durch die 12,5 cm große Öffnung an der Unterkante.

10. Beulen Sie die Ecken mit einem Spitzenholz aus. Stecken Sie den Karton zwischen Polsterstoff und Baumwolle. Schließen Sie die Öffnung mit Blindstich.

11. Knoten Sie den Griff an, indem Sie in jede Schleife zwei Knoten machen. Wiederholen Sie den Vorgang mit dem anderen Griff.

Die Innenseite der Wendetasche wirkt ganz anders als die Außenseite. So haben Sie zwei Taschen zum Preis von einer.

Schwungvolle japanische Schriftzeichen und weicher Stoff, dazu noch ein marmorierter Griff – ein echter Klassiker.

Dschungelbuch

Das unwiderstehliche Bild des Äffchens mit Weste und Krawatte passt gut zu dem grob gewebten Stoff des Besatzes, der aussieht wie geflochtenes Gras. Das Innenleben mit Tasche weist ein Blumenmuster auf.

Fertige Größe

circa 32 x 30 cm

Stoffe und Zubehör

- Baumwollstoff mit Affenmotiv, 50 x 140 cm
- grob gewebte Baumwolle in Grün, 60 x 140 cm (Besatz und Streifen)
- Baumwollstoff mit Blumenmuster, 60 x 140 cm
- Buckram, 50 x 120 cm
- Gewebevlies zum Aufbügeln, 35 x 50 cm (2 x)
- 2 runde Bambusgriffe
- Reißverschluss, 22,5 cm lang
- passendes Nähgarn
- steifer Karton, 10 x 22,5 cm
- Reißverschlussfuß
- Stecknadeln, Schere
- Maßband
- Bügeleisen
- Schnittmuster

Tipp!

Ein Reißverschluss mit groben „Zähnen" erleichtert das Öffnen der Innentasche.

Vorbereitung

1. Zuschnitt wie folgt:

- 2 x Äffchen-Stoff wie Polsterstoff 1.1 auf Seite 58
- 2 x Blumenstoff wie S. 58, 1.1
- 2 x Buckram wie S. 58, 1.1
- 2 x Gewebevlies wie S. 58, 1.1
- 4 x Stoff für Besatz wie Abb. 4.35. Vergrößern Sie das Bild auf: Länge 47 cm, Breite 5 cm, Ausschnittbreite 18 cm, Tiefe 13 cm.
- 3 x grüne Baumwollstreifen, 5 x 90
- 4 x Blumenstoff wie Abb. 4.30 (Innentasche). Vergrößern Sie das Bild auf: Oberkante 36 cm, Unterkante 23 cm, Höhe 14 cm.

2. Legen Sie das Vlies auf die linke Seite des Äffchen-Stoffes. Schneiden Sie an der Oberkante 1,5 cm Vlies weg. Bei beiden Stücken. Bügeln Sie das Vlies auf.

3. Legen Sie den Buckram auf die linke Seite des Blumenstoffes. Stecken Sie ihn fest. Bei beiden Stücken. Weiterverarbeiten wie ein Teil.

4. Nähen Sie etwa 1 cm von der Schnittkante um die Grifföffnung herum – auf allen vier Stücken.

Schlaufen

1. Falten Sie die drei langen Streifen aus grünem Stoff längs rechts auf rechts. Säumen Sie die Streifen mit 1,25 cm Nahtzugabe.

2. Schneiden Sie die Streifen in 20 Stücke von je 13,5 cm Länge.

3. Schließen Sie je eine Seitennaht der Schlaufen.

4. Wenden Sie diese mit einer Sicherheitsnadel.

5. Legen Sie je zwei Schlaufen aufeinander. Platzieren Sie sie Schnittkante auf Schnittkante um den Besatz an der Grifföffnung. Heften Sie sie an wie in Abb. 4.36. Wiederholen Sie den Vorgang für das andere Stoffstück.

Innentasche mit Reißverschluss

1. Legen Sie zwei der Stoffstücke rechts auf rechts aufeinander und nähen Sie sie mit 1,25 cm Zugabe an der Oberkante zusammen wie in Abb. 4.30. Säume aufbügeln. Wiederholen Sie den Vorgang.

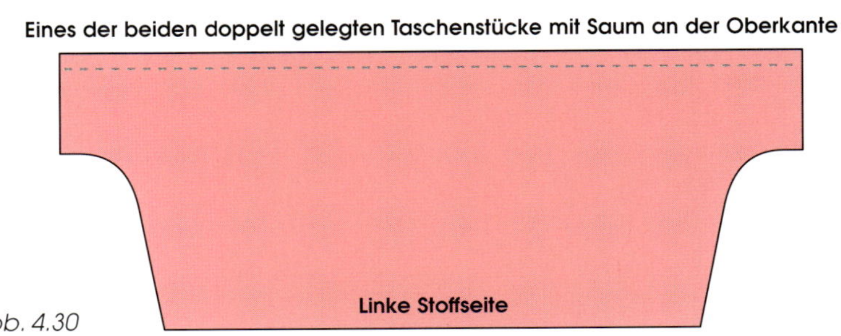

Abb. 4.30

2. Legen Sie die beiden Stoffstücke rechts auf rechts aufeinander, sodass die Nähte aufeinanderliegen. Stecken Sie die Nähte fest. Markieren Sie eine Öffnung von 22,5 cm in der Mitte der Naht. Nähen Sie auf jeder Seite mit Blindstich bis zur Markierung der Öffnung.

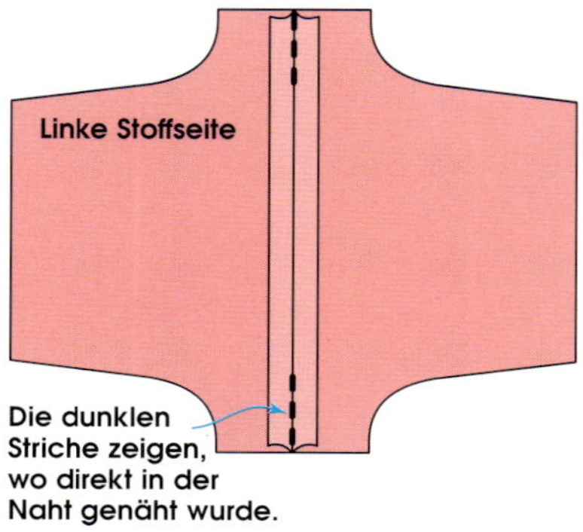

Abb. 4.31

3. Nun klappen Sie die oberste Stofflage des linken Stücks nach rechts, die unterste des rechten nach links. So haben Sie eine bereits versäuberte Öffnung. Glatt bügeln.

4. Legen Sie den Reißverschluss unter die Öffnung. Stecken Sie ihn fest.

5. Nähen Sie um die Öffnung herum wie in Abb. 4.32.

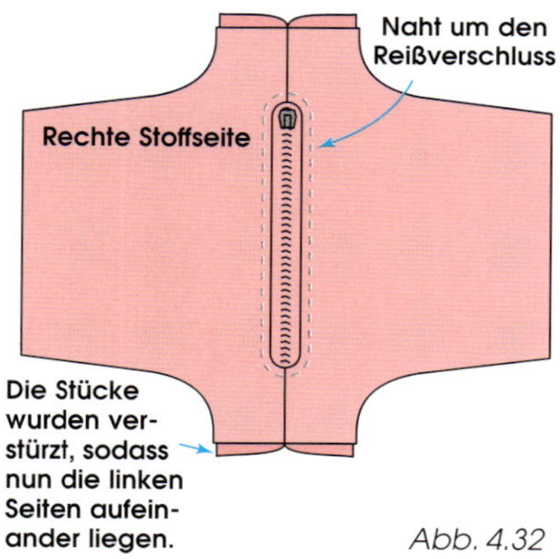

Abb. 4.32

6. Öffnen Sie den Reißverschluss und falten Sie die Innentasche zusammen wie in Abb. 4.33. Nun liegt die linke Seite des Reißverschlusses an der oberen Kante. Nähen Sie die Unterkanten mit 1,25 cm Zugabe zusammen. Schließen Sie die abgerundeten Seiten mit 1,25 cm Zugabe.

7. Versäubern Sie die Säume. Schneiden Sie die Zugabe an den Rundungen ein.

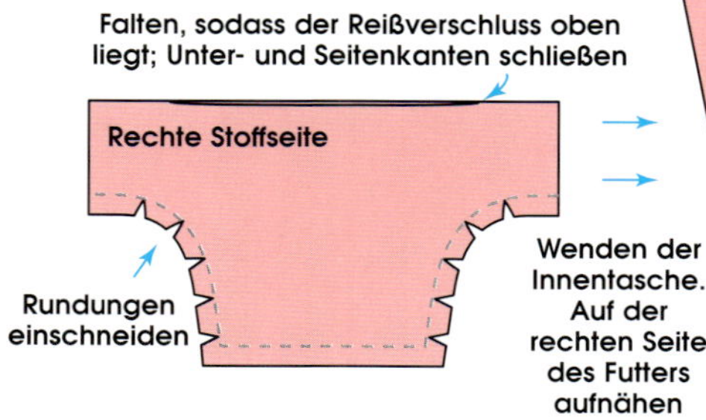

Abb. 4.33

8. Wenden Sie die Tasche durch den offenen Reißverschluss. Später wird dieses Stück aufgenäht wie Abb. 4.34.

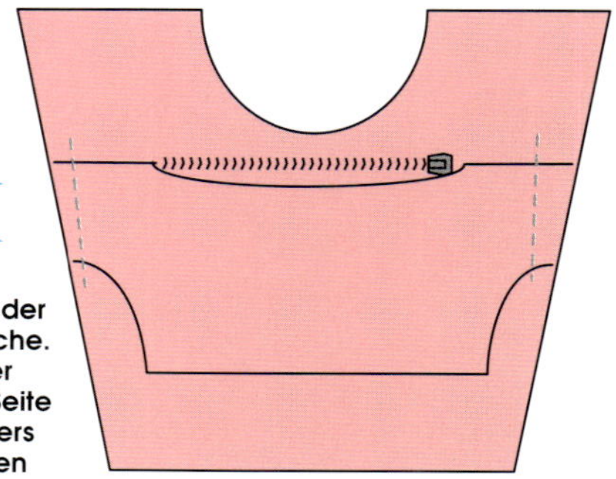

Abb. 4.34

In der mit Reißverschluss gesicherten Innentasche dieses Shoppers können Sie Ihre Wertsachen unterbringen.

Zusammennähen

1. Legen Sie die beiden Äffchen-Stücke rechts auf rechts aufeinander. Schließen Sie die Seitennähte mit 1,25 cm Zugabe. Aufbügeln.

2. Schließen Sie die Unterkante. Bügeln Sie die Säume auf. Falten Sie die Ecken auf (siehe Seite 17), messen Sie 5 cm nach innen und nähen Sie quer drüber. Wenden.

3. Die geblümten Stücke rechts auf rechts aufeinander legen. Die Innentasche liegt dazwischen wie in Abb. 4.34. So liegt der Futterstoff nicht mehr ganz so glatt, was in diesem Fall erwünscht ist. Feststecken und die Seitennähte mit 1,25 cm Zugabe schließen. Versäubern Sie den Buckram bzw. die zu dicke Nahtzugabe von den Säumen der Innentasche. Aufbügeln.

4. Schließen Sie die Unterkante der Innentasche. Versäubern und aufbügeln.

5. Stecken Sie die Innentasche links auf links in die Äffchen-Tasche. Verstärken Sie den Boden mit Karton.

Besatz

1. Legen Sie die beiden grünen Stoffstücke rechts auf rechts aufeinander. Feststecken und die Seiten mit 1,25 cm Zugabe schließen. Zugabe auf 0,5 cm kürzen. Säume aufbügeln.

2. Mit den anderen Stoffstücken wiederholen.

3. Die beiden doppelt genähten Streifen rechts auf rechts aufeinander legen. Unterkante mit 1,25 cm Zugabe schließen. Zugabe auf 0,5 cm kürzen. Zugabe an der Rundung einschneiden wie in Abb. 4.35.

4. Wenden, sodass die linken Seiten aufeinander liegen. Bügeln. Die Oberkante mit der Hand heften.

5. Legen Sie nun den Besatz rechts auf rechts auf die Futterseite der Tasche wie in Abb. 4.36. Die Schnittkanten oben und an den Seiten liegen aufeinander. Feststecken und mit 1,25 cm Zugabe festnähen. Verstärken Sie die Nähte an den Ecken, indem Sie in jeder Richtung etwa 5 cm lang eine doppelte Naht machen. Kürzen Sie die Zugabe auf 0,5 cm ein. Schneiden Sie sie an den Ecken diagonal ein. Auch die Rundung wird bis zum Saum hin eingeschnitten. Nun falten Sie den Besatz über die Oberkante auf die Äffchen-Seite und bügeln ihn flach. Dann nähen Sie an der Heftkante durch alle Schichten hindurch.

6. Nun knoten Sie den Griff fest wie auf dem Foto nebenan dargestellt. Wiederholen Sie den Vorgang für den zweiten Griff.

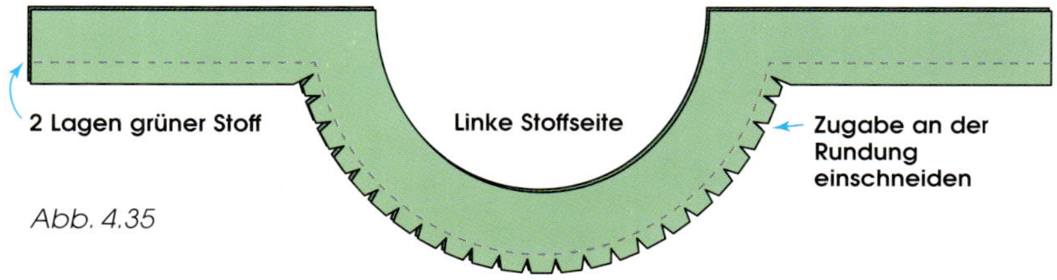

Abb. 4.35

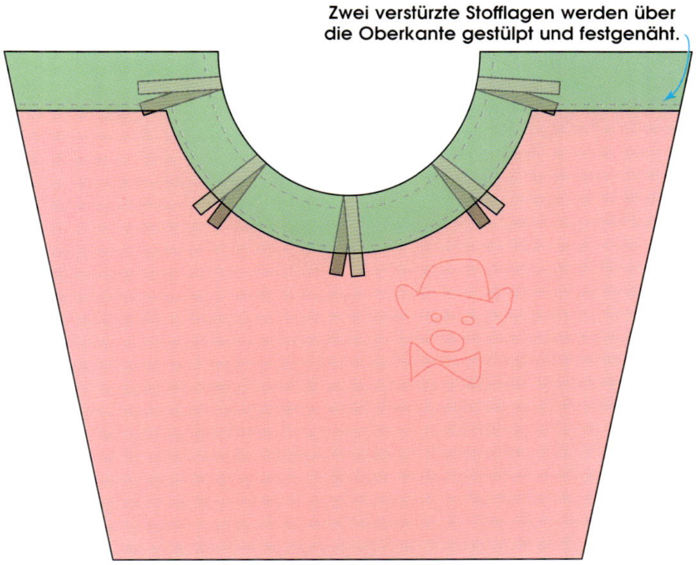

Abb. 4.36

Verknoten Sie die Schlaufen, die den Griff halten, zwei Mal.

Rue des Rosiers

Dieser voluminöse Shopper wurde nach demselben Muster gefertigt wie die beiden vorhergehenden Taschen – ohne Griffrundung. Mit der Federboa und dem braunen Chiffon im Leopardenmuster passt er gut zu schicken Boutiquen der Pariser Rue des Rosiers. Verschlossen wird das Prachtstück mit einem Überschlag und Magnetverschluss.

Fertige Größe

circa 32 x 30 cm

Stoffe und Zubehör

- Stoff mit Leopardenmuster, 50 x 135 cm
- Baumwolldruck in Schwarz, 50 x 140 cm
- fester Stoff in Schwarz, 50 x 140 cm
- Stabilisator zum Aufbügeln:
  - 22,5 x 12,5 cm
  - 50 x 35 cm (2 x)
- Volumenvlies
- Gewebevlies zum Aufbügeln, 50 x 45 cm (2 x)
- Baumwollkordel von 2,5 cm Dicke, 50 cm (2x)
- 1 Magnetverschluss-Set
- Stabilisator zum Aufbügeln, 3 Quadrate mit 7,5 cm Seitenlänge
- 4 Metallfüßchen für die Tasche
- passendes Nähgarn
- steifer Karton:
  - 10 x 22,5 cm
  - 22,5 x 30 cm (2 x)
- braune Federboa, 90 cm lang
- Sicherheitsnadel
- Stecknadeln, Schere
- Bügeleisen, Sprühzeitkleber
- Maßband
- Schnittmuster

Vorbereitung

1. Legen Sie das Gewebevlies auf die linke Seite des Leoparden-Stoffes. Papier abziehen und den Stoff aufs Vlies legen. Aufbügeln. Für beide Stücke. Decken Sie die Vliese beim Bügeln ab.

2. Sprühen Sie die linke Seite des schwarzen Baumwollstoffes mit Sprühzeitkleber ein. Legen Sie den Stoff auf das Volumenvlies. Wählen Sie Ihren Lieblingsstich und quilten Sie beide Stücke.

3. Zuschnitt wie folgt:

- 2 x Leoparden-Vlies-Stück wie in Abb. 4.37. Vergrößern wie auf Seite 58, 1.1. (Tasche)
- 2 x Baumwoll-Vlies-Stück wie oben (Futter)
- 2 x schwarzer fester Stoff wie Abb. 4.37. Vergrößern Sie die Klappe auf 15 x 15 cm
- 2 x Stabilisator für Klappe.
- 2 x Schrägstreifen aus festem Stoff für Griffe, 5 x 52,5 cm
- schwarzer Schrägstreifen (fester Stoff für Besatz), 5 x 87,5 cm

Zusammennähen

1. Legen Sie die beiden Leoparden-Stücke rechts auf rechts aufeinander. Seiten feststecken und mit 1,25 cm Zugabe schließen. Zugabe auf 0,5 cm kürzen. Vlies an der Naht zurückschneiden. Säume aufbügeln.

2. Schließen Sie die Unterkante mit 1,25 cm Zugabe. Versäubern und Naht aufbügeln. Falten Sie die Ecken auf (siehe Seite 17), messen Sie 5 cm nach innen. Quernaht setzen. Bei beiden Ecken.

3. Ecken auf die Unterseite der Tasche umklappen. Festnähen.

4. Wenden Sie die Tasche und verstärken Sie den Boden mit dem 10 cm breiten Karton.

5. Legen Sie die gequilteten Futterstücke aus schwarzem Baumwolldruck rechts auf rechts aufeinander. Schließen Sie die Seitennähte mit 1,25 cm Zugabe. Zugabe auf 0,5 cm kürzen. Säume aufbügeln. Unterkante schließen, versäubern, bügeln.

6. Falten Sie die Ecken auf, messen Sie 5 cm nach innen und setzen Sie dort eine Quernaht. Ecken nach unten klappen und festnähen.

7. Setzen Sie die Metallfüßchen ein wie auf Seite 17 beschrieben.

Tipp!

Das feine Gewebe muss doppelt verstärkt werden, damit es steht. Würde man das Gewebe auf dickes Volumenvlies aufbügeln, so würde sich dadurch der delikate Farbton ändern. Daher benutzen wir hier ein Gewebevlies in einem Braunton. Lassen Sie sich von dünnen, glatten Stoffen nicht abschrecken. Sobald sie mit Vlies verstärkt sind, kann man sie leicht verarbeiten.

Auf den Metallfüßchen hat die Tasche einen guten Stand.

Klappe mit Magnetverschluss

1. Messen Sie in der Mitte der Futtertasche 3,5 cm nach unten. Markieren Sie den Punkt für die genaue Mitte des Magnetverschlusses. Machen Sie seitlich zwei winzige Löcher.

2. Führen Sie die zwei Metalldorne der Verschlussunterseite dort ein und biegen Sie sie waagrecht.

3. Setzen Sie Futtertasche links auf links in die Außentasche.

4. Verstärken Sie die Vorder- und Rückseite mit den größeren Kartonstücken, die Sie zwischen Außen- und Futtertasche einführen. Stecken Sie an der Oberkante alle Lagen mit Stecknadeln fest.

5. Markieren Sie den Sitz des Magnetverschlusses auf der rechten Seite von einem Stück Klappenstoff. Schneiden Sie 1,25 cm Zugabe vom Stabilisator weg.

6. Legen Sie den Stabilisator auf die linke Seite des Klappenstoffes mit der Markierung. Aufbügeln.

7. Machen Sie nun zwei kleine Löcher für die Verschlussdorne in die Klappe.

8. Stecken Sie die Metalldorne durch und biegen Sie diese flach. Legen Sie die beiden verstärkten Klappenstücke rechts auf rechts aufeinander.

9. Schließen Sie Seiten und Unterkante mit 1,25 cm Zugabe. Kürzen Sie die Zugabe auf 0,5 cm. Schneiden Sie sie an der Rundung ein.

10. Wenden und bügeln.

11. Stecken Sie auf Höhe des Magnetverschlusses eine Stecknadel durch die Rückwand der Tasche. Stechen Sie mit einer Stecknadel in der Mitte der Schnittkante durch die Klappe. Legen Sie die Schnittkante der Klappe an der Rückseite der Tasche an, sodass beide Nadeln sich treffen. Achten Sie darauf, dass die Klappenseite mit dem Magnetverschluss zum Leopardenstoff zeigt. Festheften.

Griffe

1. Beide Stoffstreifen rechts auf rechts aufeinander legen. Feststecken.

2. Legen Sie die Faltkante an der 1-cm-Markierung der Nähmaschine an. Säumen.

3. Schneiden Sie die Baumwollkordel in der Mitte durch.

4. Wenden Sie die Stoffstreifen mit einer Sicherheitsnadel, ziehen Sie mit dieser auch die Kordel ein.

5. Achten Sie darauf, dass beide Griffe gleich lang sind. Kürzen Sie die Kordel an jedem Ende um 1,25 cm.

6. Markieren Sie die Mitte der Tasche auf Vorder- und Rückseite mit einer Stecknadel. Messen Sie rechts und links 7,5 cm nach außen. Am Futter markieren.

7. Stecken Sie die Griffe am Innenfutter fest. Heften.

Zu guter Letzt

1. Falten Sie die Besatzstreifen rechts auf rechts aufeinander. Schließen Sie die kurzen Enden mit 1,25 cm Nahtzugabe. Naht versäubern, aufbügeln.

2. Besatz längs rechts auf rechts über die Oberkante der Taschenaußenseite wie in Abb. 4.37 legen.

3. Feststecken und dann mit 1,25 cm Zugabe festnähen.

4. Klappen Sie den Besatz auf die Innenseite der Tasche, sodass er die Schnittkanten einfasst. Schlagen Sie die Enden ein und stecken Sie sie fest. Mit Blindstich festnähen.

5. Biegen Sie die Klappe nach oben und nähen Sie die Oberkante am schwarzen Besatz darunter fest. Achten Sie darauf, dass Sie alle Lagen mitnehmen.

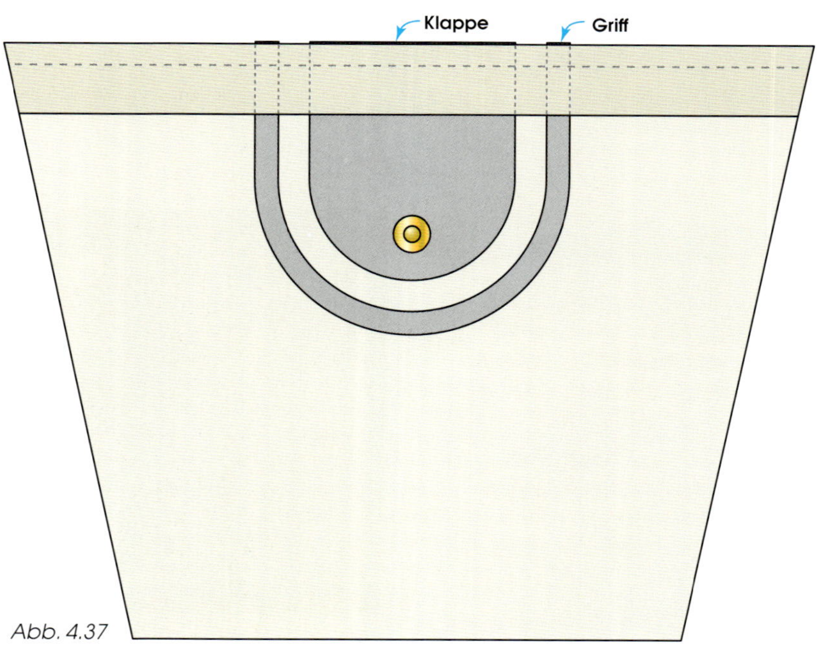

Abb. 4.37

Der kleine Kick

1. Die Boa von Hand festnähen. Nehmen Sie doppelten Maschinenfaden und befestigen Sie die Boa mit Überwendstich. Ertasten Sie den Innenstrang der Boa. Beginnen Sie die Naht an einem der seitlichen Säume und nähen Sie sie am Besatz fest. Nähen Sie mit langen Stichen über den Innenstrang der Boa. Am Ende lassen Sie die Federboa etwa 3 cm überlappen.

2. Schneiden Sie das Reststück ab.

Federboa von Hand annähen.

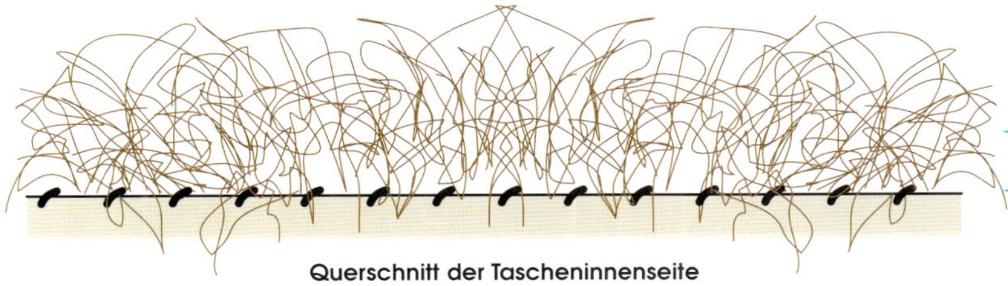

Abb. 4.37

"Bonjour! Enchantez!"

Sunset Beach

Ideal für den Spaziergang am Strand. Und das Tolle an ihr: Sie ist nicht nur sehr praktisch – Sonnenbrille und Bikini haben auf jeden Fall Platz – sondern auch äußerst dekorativ. Wenn da kein Fisch anbeißt …

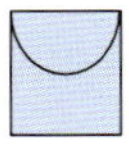

Fertige Größe

circa 20 x 21 cm

Stoffe und Zubehör

- acht verschiedene Baumwolldruckstoffe, je 20 x 90 cm
- bunter Baumwollstoff, 90 x 140 cm
- Volumenvlies zum Aufbügeln
- passendes Nähgarn
- schickes Stickgarn oder peppiges Metallic-Garn
- Freihand-Stickfuß
- Stecknadeln
- Schere
- Zierknopf
- Schnittmuster

Tipp!

Zuerst wird der Stoff gequiltet, dann erst die Tasche zugeschnitten. Auf dem Foto wurden vier verschiedene Stoffe verwendet, aber Sie können auch acht verschiedene Designs verarbeiten. Den Trageriemen können Sie nach Belieben länger oder kürzer machen.

Vorbereitung

1. Schneiden Sie quer zum Fadenlauf von jedem Baumwollstoff einen Streifen von 3,75 cm x 82,5 cm zu.

2. Nähen Sie die acht Streifen mit einer Nahtzugabe von 0,6 cm längs aneinander. Bügeln Sie die Säume alle auf eine Seite.

3. Schneiden Sie davon 25 cm ab wie in Abb. 4.39. Legen Sie dieses Stoffstück im rechten Winkel rechts auf rechts auf den Stoff. Nähen Sie mit 1,25 cm Zugabe. Bügeln Sie den Saum flach.

4. Vergrößern Sie Abb. 4.41 auf: Unterkante 21 cm, gesamte Länge 60 cm. Die seitlichen Kerben zeigen die Überschlagskante der Klappe an. Sie sollten etwa 4 cm unterhalb des Quersaums liegen wie in Abb. 4.40.

5. Zuschnitt wie folgt:

- 1 x Patchwork-Stoff wie unter Punkt 4
- 1 x Vlies wie unter Punkt 4
- 1 x bunter Futterstoff wie unter Punkt 4
- 1 x Schrägstreifen, 5 x 62,5 cm (Riemen)
- 1 x Schrägstreifen, 5 x 87,5 cm (Riemen)
- 1 x Schrägstreifen, 5 x 10 cm (Schlaufe)
- 1 x Schrägstreifen, 5 x 42,5 cm (Besatz Klappe)

Schneiden Sie an der Schnittmustermarkierung beidseitig eine Kerbe in den Stoff.

Abb. 4.39

Abb. 4.40

Zusammennähen

1. Legen Sie den Patchwork-Stoff und den Futterstoff rechts auf rechts aufeinander. Das Vlies liegt unter dem Futterstoff. Stecken Sie alles fest. Nähen Sie mit 1,25 cm Zugabe über die gerade Schmalseite wie in Abb. 4.41. Kürzen Sie die Zugabe auf 0,5 cm.

2. Klappen Sie den Patchwork-Stoff auf die andere Seite des Vlieses. Bügeln Sie den Saum glatt.

3. Legen Sie alle Lagen sauber aufeinander und stecken Sie sie fest.

Abb. 4.41

Der kleine Kick

1. Da die Nähte von beiden Seiten gesehen werden, nähen Sie von oben und unten mit demselben Dekofaden.

2. Mit Freihand-Stickfuß arbeiten.

3. Quilten Sie den Stoff in verschlungenen Linien wie in Abb. 4.42 oder mit einem beliebigen Zierstich.

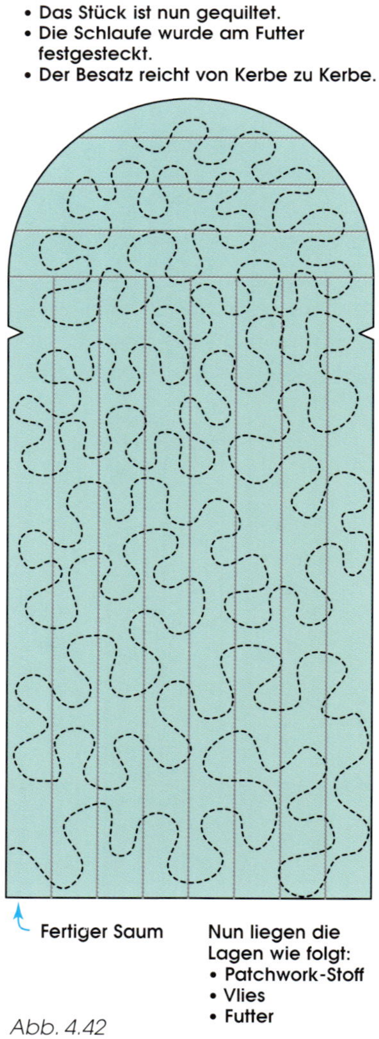

Abb. 4.42

Klappe

1. Falten Sie den Streifen für die Schlaufe längs rechts auf rechts. Maße: 2,5 x 10 cm. Bügeln.

2. Öffnen Sie den Streifen und legen Sie die Schnittkanten auf die Mittelfalte. Bügeln.

3. Nähen Sie nun mit Dekogarn an den beiden Faltkanten entlang.

4. Stecken Sie die beiden Schlaufenenden mittig auf der Unterseite der Klappe fest.

5. Schlagen Sie ein Ende des Besatzstreifens links auf links ein und legen Sie es auf eine der Kerben wie in Abb. 4.43. Stecken Sie den Besatzstreifen um die Rundung der Klappe fest, bis zur anderen Einkerbung. Lassen Sie den Streifen locker, sonst liegt die Klappe später nicht glatt.

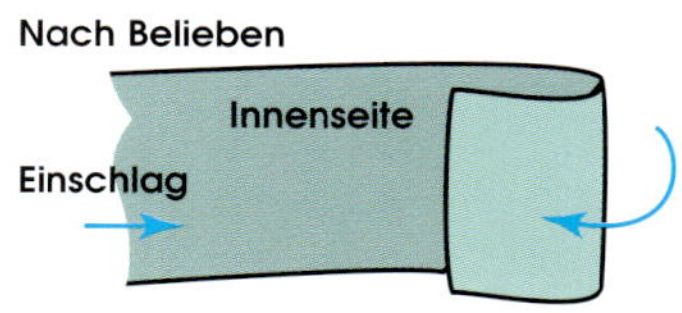

Abb. 4.43

6. Schlagen Sie nun das andere Ende des Besatzstreifens nach innen ein. Schneiden Sie den Rest ab und nähen Sie den Streifen mit 1,25 cm Zugabe an wie in Abb. 4.44. Klappen Sie den Streifen zur Futterseite um. Schlagen Sie die Schnittkante ein und heften Sie diese auf der Naht fest. Säumen Sie mit Dekogarn.

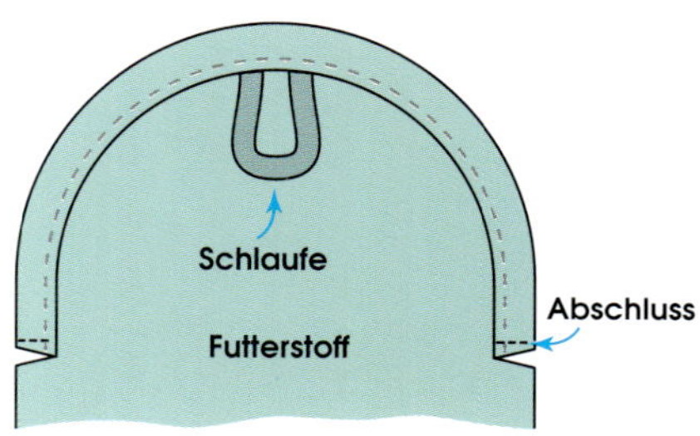

Abb. 4.44

Trageriemen

1. Falten Sie die beiden Streifen längs links auf links. Bügeln.

2. Öffnen sie den Streifen, legen Sie die beiden Schnittkanten mittig auf die Faltkante wie in Abb. 4.45. Bei beiden Streifen.

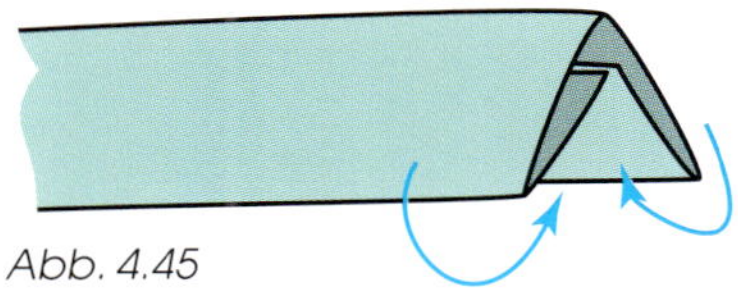

Abb. 4.45

3. Schlagen Sie die Enden ein. Vernähen.

4. Legen Sie ein Ende des Streifens an der rechten Unterkante der Tasche an. Falten Sie den Streifen sauber über den Saum. Stecken Sie den Streifen bis zur Kerbe fest. Dasselbe auf der anderen Seite.

5. Steppen Sie den Streifen an der Faltkante mit Dekogarn fest wie in Abb. 4.46. Achten Sie darauf, dass Sie durch alle Lagen nähen, auch durch die Unterseite des Streifens. Schließen Sie die Längsnaht. Nähen Sie rechts und links einen Streifen an.

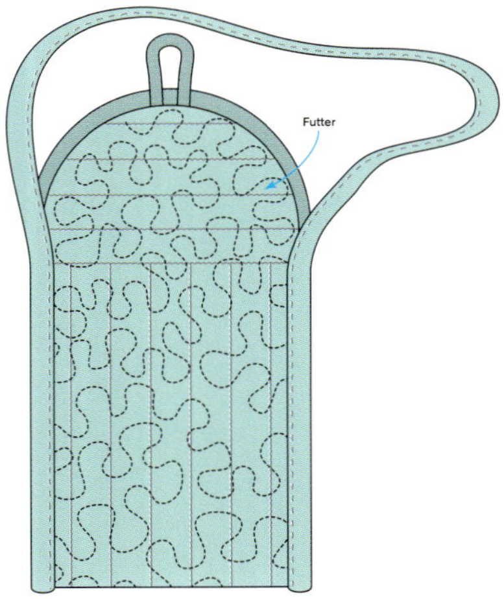

Abb. 4.46

6. Verknoten Sie die beiden Streifen am Ende doppelt.

Tipp!

Natürlich können Sie auch mit Schrägband-Former arbeiten. Hier brauchen Sie ein Schrägband von 25 mm. Achten Sie genau auf die Herstellerangaben. Einige der Schrägband-Former lassen sich nur mit den mitgelieferten Markierungen für die Maße verwenden. Halten Sie sie daher genau ein.

Zu guter Letzt

1. Falten Sie die gerade Schmalseite auf den Kerbenbruch, Futter auf der Innenseite. Stecken Sie die Seitennähte fest und schließen Sie sie mit 1,25 cm Zugabe.

2. Wenden Sie die Tasche mit dem Futter nach außen. Falten Sie die Ecken ein. Messen Sie 2,5 cm nach innen und setzen Sie eine Quernaht. Nähen Sie die Ecken auf der Taschenunterseite fest.

3. Wenden Sie die Tasche erneut.

4. Suchen Sie einen tollen Zierknopf aus wie auf dem Foto unten.

Dieser niedliche Fisch verleiht der Tasche noch mehr Flair.

Streifen in Erd-, Himmels- und Wasserfarben passen gut zu einem Tag im Strandparadies.

Espressobar

Dies ist eine längere Version der *Sunset Beach* von Seite 68–71. Genäht wird sie auf genau die gleiche Art. Nur die Patchwork-Streifen sind um 10 cm länger.

Fertige Größe

circa 27,5 x 20 cm

Stoffe und Zubehör

- acht verschieden gemusterte Baumwollstoffe in Braun, je 20 x 100 cm
- brauner Baumwollstoff, 90 x 140 cm
- Volumenvlies
- passendes Nähgarn
- schickes Stickgarn oder Metallic-Garn
- Stecknadeln
- Schere
- Zierknopf
- Schnittmuster

Vorbereitung

1. Schneiden Sie quer zum Fadenlauf von jedem Baumwollstoff einen Streifen von 3,75 cm x 95 cm zu.

2. Nähen Sie die acht Streifen mit einer Nahtzugabe von 0,6 cm längs aneinander. Bügeln Sie die Säume alle auf eine Seite.

3. Schneiden Sie davon 15 cm ab wie in Abb. 4.47. Legen Sie dieses Stoffstück im rechten Winkel rechts auf rechts auf den Stoff. Nähen Sie mit 1,25 cm Zugabe.

4. Vergrößern Sie Abb. 4.41 (S. 70) auf: Unterkante 21 cm, gesamte Länge 71 cm. Die seitlichen Kerben zeigen die Überschlagskante der Klappe an. Sie sollten etwa 4 cm unterhalb des Quersaums liegen wie in Abb. 4.48.

5. Zuschnitt wie folgt:

- 1 x Patchwork-Stoff wie unter Punkt 4
- 1 x Vlies wie unter Punkt 4
- 1 x brauner Futterstoff wie unter Punkt 4
- 1 x Schrägstreifen, 5 x 62,5 cm (Riemen)
- 1 x Schrägstreifen, 5 x 87,5 cm (Riemen)
- 1 x Schrägstreifen, 5 x 10 cm (Schlaufe)
- 1 x Schrägstreifen, 5 x 42,5 cm (Besatz Klappe)

Schneiden Sie an der Markierung beidseitig eine Kerbe in den Stoff.

Zusammennähen

1. Legen Sie den Patchwork-Stoff und den Futterstoff rechts auf rechts aufeinander. Das Vlies liegt unter dem Futterstoff. Stecken Sie alles fest. Nähen Sie mit 1,25 cm Zugabe über die gerade Schmalseite wie in Abb. 4.49. Kürzen Sie die Zugabe auf 0,5 cm.

2. Klappen Sie den Patchwork-Stoff auf die andere Seite des Vlieses. Bügeln Sie den Saum glatt. Stecken Sie die Stofflagen fest.

Abb. 4.47

Abb. 4.48

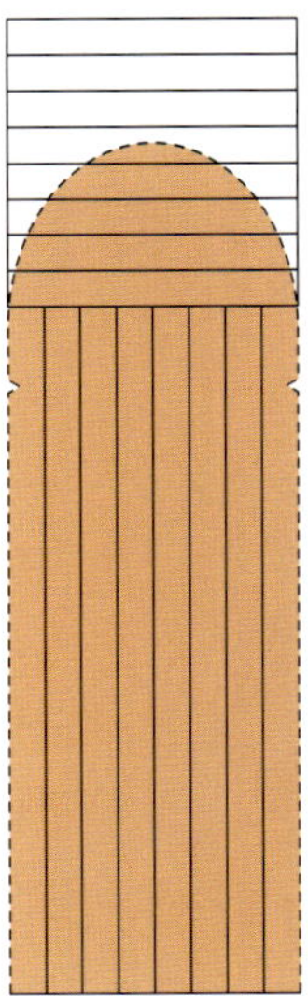

Abb. 4.49

Abb. 4.50

- Das Stück ist nun gequiltet.
- Die Schlaufe wurde am Futter festgesteckt.
- Der Besatz reicht von Kerbe zu Kerbe.

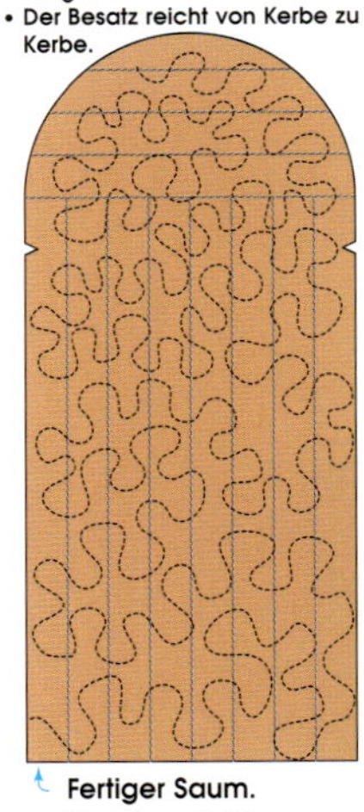

Fertiger Saum. Nun liegen die Lagen wie folgt:
- Patchwork-Stoff
- Vlies
- Futter

Der kleine Kick

1. Da die Nähte von beiden Seiten gesehen werden, nähen Sie von oben und unten mit demselben Dekogarn.

2. Freihand-Stickfuß einsetzen.

3. Quilten Sie den Stoff in verschlungenen Linien wie in Abb. 4.50 oder mit einem beliebigen Zierstich.

Klappe

1. Falten Sie den Streifen für die Schlaufe längs rechts auf rechts. Maße: 2,5 x 10 cm. Bügeln.

2. Öffnen Sie den Streifen und legen Sie die Schnittkanten auf die Mittelfalte. Bügeln.

3. Nähen Sie nun mit Dekogarn an den beiden Faltkanten entlang.

4. Stecken Sie die beiden Schlaufenenden mittig auf der Innenseite der Klappe fest.

5. Schlagen Sie ein Ende des Besatzstreifens links auf links ein und legen Sie es auf eine der Kerben wie in Abb. 4.51. Stecken Sie den Streifen um die Klappe fest, bis zur anderen Einkerbung. Lassen Sie den Streifen locker, sonst liegt die Klappe später nicht glatt.

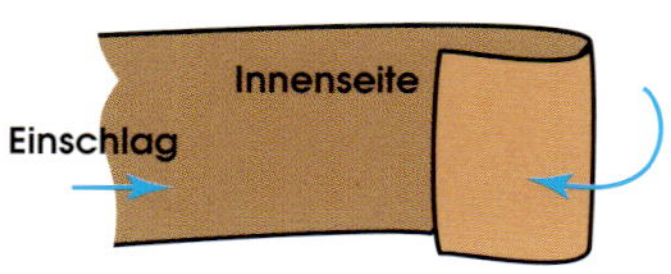

Abb. 4.51

6. Schlagen Sie nun das Ende des Besatzstreifens links auf links ein. Schneiden Sie den Rest weg und nähen Sie den Streifen mit 1,25 cm Zugabe an wie ein Abb. 4.52.

7. Klappen Sie den Streifen zur Futterseite um. Schlagen Sie die Schnittkante ein und heften Sie diese auf der Naht fest. Säumen Sie mit Dekogarn.

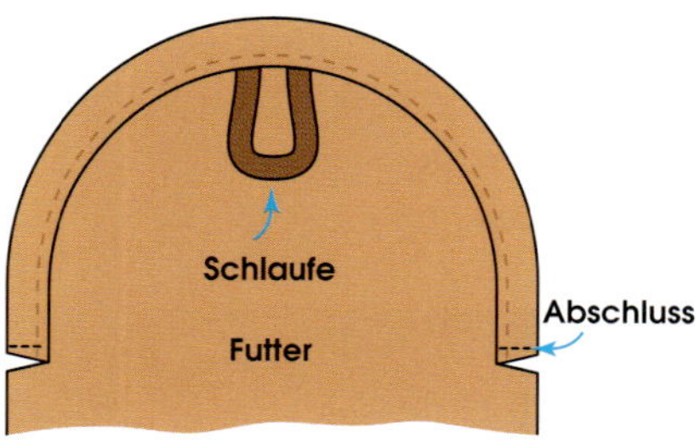

Abb. 4.52

Trageriemen

1. Falten Sie die beiden Streifen längs links auf links. Bügeln.

2. Öffnen sie den Streifen, legen Sie die beiden Schnittkanten mittig auf die Faltkante wie in Abb. 4.53. Bei beiden Streifen.

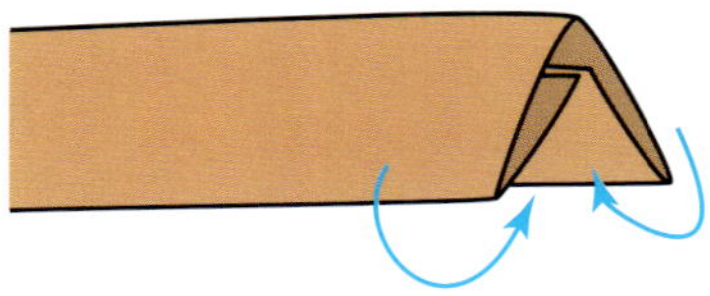

Abb. 4.53

3. Schlagen Sie die Enden ein. Vernähen.

4. Legen Sie ein Ende des Streifens an der rechten Unterkante der Tasche an. Falten Sie den Streifen sauber über den Saum. Stecken Sie den Streifen bis zur Kerbe fest. Dasselbe auf der anderen Seite.

5. Steppen Sie den Streifen an der Faltkante mit Dekofaden fest wie in Abb. 4.54. Achten Sie darauf, dass Sie durch alle Lagen nähen, auch durch die Unterseite des Streifens. Schließen Sie die Längsnaht. Nähen Sie rechts und links einen Streifen an.

6. Verknoten Sie die Enden der Trageriemen doppelt.

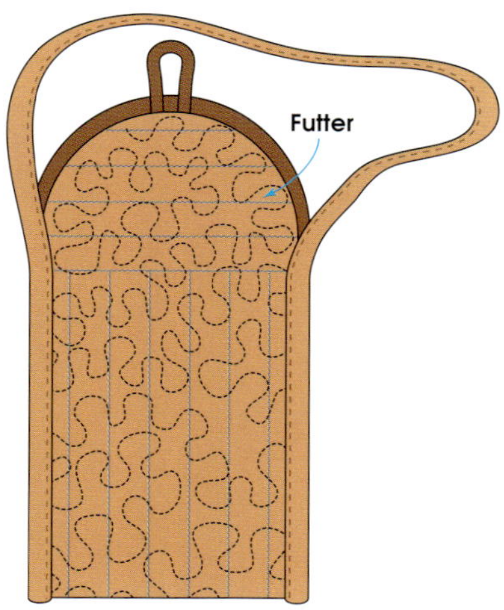

Abb. 4.54

Zu guter Letzt

1. Falten Sie die gerade Schmalseite auf den Kerbenbruch, Futter auf der Innenseite. Stecken Sie die Seitennähte fest und schließen Sie sie mit 1,25 cm Zugabe.

2. Wenden Sie die Tasche mit dem Futter nach außen. Falten Sie die Ecken ein. Messen Sie 2,5 cm nach innen und setzen Sie eine Quernaht. Nähen Sie die Ecken auf der Taschenunterseite fest.

3. Wenden Sie die Tasche erneut.

4. Suchen Sie einen Zierknopf aus wie auf dem Foto unten.

Der goldene Drache blitzt reizvoll vom Überschlag.

Safran-gold

Die Tasche wurde aus einem safranfarbenen Sari genäht, den ich aus Indien mitgebracht habe. Mit den Perlen an Klappe und Griff ist sie ein perfekter Begleiter für festliche Anlässe.

Fertige Größe

circa 20 x 19 cm

Stoffe und Zubehör

- Sari-Stoff, 27,5 x 62,5 cm oder ein anderer edler Stoff
- Dupionseide, 30 x 135 cm
- Stabilisator zum Aufbügeln, 22,5 x 62,5 cm
- Perlenfransen, 35 cm
- passendes Nähgarn
- passendes Stickgarn
- passender Perlenstrang für Trageriemen
- selbst-entfernender Markierstift
- Stecknadeln, Schere
- Bügeleisen
- Schnittmuster

Vorbereitung

1. Zuschnitt wie folgt:

- 1 x Sari-Stoff wie auf S. 69, Punkt 4. Schnittreste aufbewahren.
- 1 x Dupionseide wie auf S. 69, Punkt 4 (Futter)
- 1 x Stabilisator wie S. 69, Punkt 4
- 1 x Sari-Stoff, 5 cm x 15 cm aus den Schnittresten (Schlaufen)

Schneiden Sie Kerben wie auf Abb. 4.55. Schneiden Sie die 1,25 cm Zugabe vom Stabilisator ab.

2. Legen Sie den Sari-Stoff links auf den Stabilisator. Aufbügeln und wie ein Stoffstück weiter verarbeiten.

Schlaufen

1. Falten Sie den Streifen längs links auf links. Bügeln.

2. Legen Sie die Schnittkanten mittig auf die Faltkante. Bügeln.

3. Säumen Sie an der Längskante.

4. Schneiden Sie den Streifen in zwei Hälften.

5. Legen Sie die Streifen doppelt und stecken Sie sie unterhalb der Kerben auf der rechten Stoffseite des Sari-Stücks fest wie in Abb. 4.55.

Tipp!

Saris sind die traditionellen Gewänder indischer Frauen. Meist verfügen sie über eine besonders schöne Bordüre. Verwenden Sie ein Stück aus der Mitte und eines aus der Bordüre. So hat man den Eindruck, sie hätten zwei perfekt aufeinander abgestimmte Stoffe verarbeitet.

Der handgewebte Sari mit Bordürenmuster wird mit Perlenfransen und einem Perlenstrang noch verschönert.

Perlensaum

1. Mit dem Markierstift den Saum 1,25 cm von der Schnittkante auf der Innenseite der Klappe anzeichnen.
2. Stecken Sie den Fransenansatz auf dieser Linie fest. Achten Sie darauf, dass das Fransenband glatt auf der Rundung liegt. Wird es zu streng genäht, wölbt sich die Klappe nachher nach oben. Zu den seitlichen Kanten einen Abstand von 1,25 cm lassen.
3. Legen Sie die Perlen auf die Innenseite der Klappe. Heften Sie das Band an wie in Abb. 4.55.
4. Legen Sie den Sari-Stoff und die Dupionseide rechts auf rechts aufeinander und stecken Sie die Klappenrundung fest.
5. Nähen Sie die Lagen mit Rückstich von Hand zusammen. Achten Sie darauf, dass Sie den Fransenansatz mitnehmen. Folgen Sie dabei den Heftstichen.
6. Schneiden Sie die Zugabe auf der Innenseite der Klappe um die Rundung herum mehrfach ein bis zum Saum.

Nähen Sie die Perlenfransen mit Rückstich fest.

Abb. 4.55

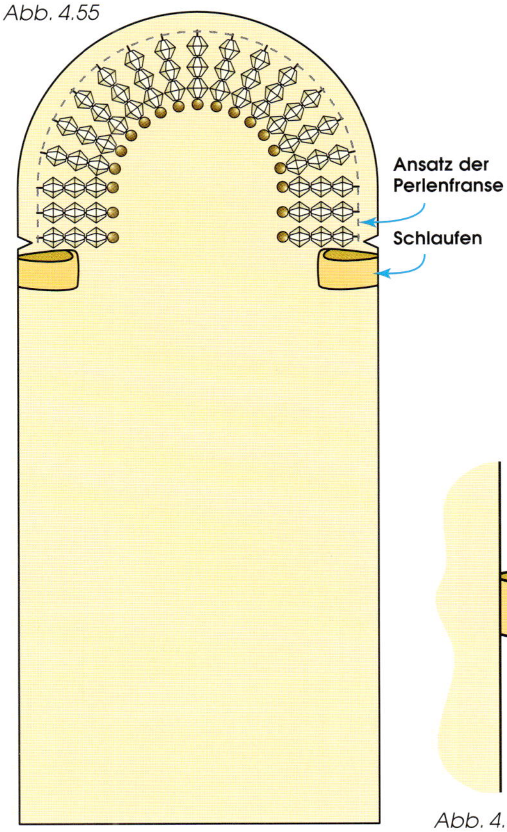

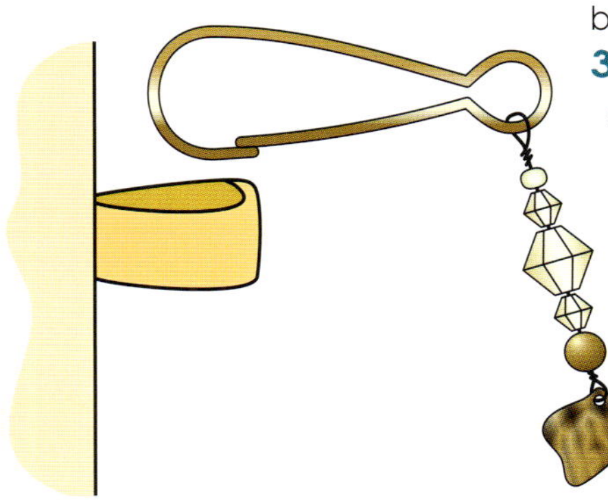

Abb. 4.56

Zusammennähen

1. Sari- und Seiden-Stoff liegen rechts auf rechts. Schließen Sie nun die Schmalseite des Zuschnitts mit 1,25 cm Zugabe. Kürzen Sie diese auf 0,5 cm.
2. Wenden Sie die Tasche und bügeln Sie die Nähte.
3. Falten Sie die gerade Schmalseite rechts auf rechts auf den Kerbenbruch. Stecken Sie die Seitennähte fest und schließen Sie sie mit 1,25 cm Zugabe.
4. Wenden Sie die Tasche nach rechts.
5. Befestigen Sie einen Verschlusshaken in jeder Schlaufe und ziehen Sie ihn durch den Perlenstrang wie in Abb. 4.56.

Herbst-schatten

Diese Tasche mit ihrem runden Griff wird zur Unterarmtasche, wenn man sie faltet. Das wunderschöne handgefärbte Gewebe mit der asymmetrischen Plissierung braucht keine besonderen Deko-Objekte. Die Bambusgriffe passen gut dazu. Der Stoff wird mit Dupionseide gefüttert und mit Stickgarn gequiltet. Auch die Schlaufen für die Griffe sind aus Seide.

Fertige Größe

circa 26 x 25 cm

Stoffe und Zubehör

- mehrtoniger Plisseestoff, 45 x 140 cm
- beigefarbene Dupionseide, 45 x 135 cm
- Volumenvlies
- 2 runde Bambusgriffe, 10 cm Breite
- Sprühzeitkleber
- passendes Nähgarn
- dekorative Nähseide
- 1 Magnetverschluss
- Sicherheitsnadel
- Stecknadeln
- Schere
- Schnittmuster

Vorbereitung

1. Zuschnitt wie folgt:
- 2 x Plisseestoff. Vergrößern Sie Abb. 4.57 auf: Oberkante 20 cm, Höhe 30 cm, Ausschnitttiefe 5 cm (1.1)
- 2 x Dupionseide wie in 1.1 (Futter)
- 2 x Volumenvlies wie in 1.1
- 2 x Schrägstreifen aus Dupionseide, 5 x 75 cm

2. Sprühen Sie die Dupionseide linksseitig mit Stoffkleber ein. Legen Sie das Vlies darauf. Glätten.

3. Heften Sie um den Griffausschnitt aller vier Stücke in 1 cm Abstand von der Schnittkante herum.

Der kleine Kick

1. Spulen Sie die Deko-Nähseide auf.

2. Freihand-Stickfuß einsetzen.

3. Quilten Sie die Futterstücke mit verschlungenen Nähten wie in Abb. 4.58 oder mit Ihrem Lieblings-Zierstich.

Schlaufen und Verschluss

1. Falten Sie die beiden Seidenstreifen längs rechts auf rechts.

2. Schließen Sie die Naht mit 1,25 cm Zugabe.

3. Schneiden Sie die Streifen in 12 Stücke zu je 11 cm Länge.

4. Schließen Sie bei jedem Streifen ein kurzes Ende mit 1 cm Zugabe. Sichern Sie die Naht am Anfang und Ende, damit sie nicht aufgeht. Kürzen Sie die Zugabe auf 0,5 cm.

5. Wenden Sie die Streifen.

6. Legen Sie die Streifen paarweise aufeinander.

7. Platzieren Sie die Paare um die Grifföffnung wie in Abb. 4.57. Die Schnittkanten der Streifen liegen genau auf der Schnittkante der Öffnung. Ein Paar liegt im rechten Winkel zum untersten Punkt der Öffnung, die anderen 1,5 cm unterhalb der Taschenoberkante, damit noch genug Zugabe für die obere Naht bleibt. Dasselbe auf der anderen Seite. Festheften.

8. Markieren Sie auf der Innenseite die Stelle für den Magnetverschluss.

9. Schneiden Sie zwei kleine Schlitze für die Dorne.

10. Stecken Sie die Dorne durch die Öffnungen und biegen Sie sie flach.

Abb. 4.57

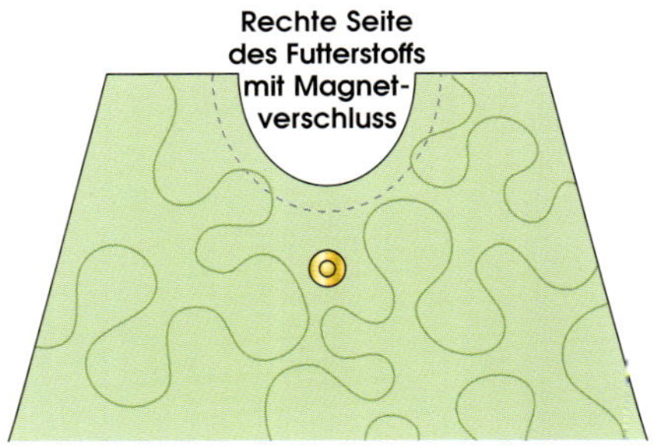

Abb. 4.58

Zusammennähen

1. Legen Sie den Futterstoff rechts auf rechts aufeinander. Feststecken und die Seitennähte mit 1,25 Nahtzugabe schließen. Nähen Sie um die unteren Ecken herum. Lassen Sie in der Unterkante eine Öffnung von 15 cm. Kürzen Sie die Zugabe auf 0,5 cm. Schneiden Sie diese um die Rundung herum ein.

2. Legen Sie den Plisseestoff rechts auf rechts aufeinander. Feststecken. Schließen Sie Unter- und Seitenkanten mit 1,25 cm Zugabe. Kürzen Sie die Zugabe auf 0,5 cm und schneiden Sie sie um die Rundung herum ein.

3. Wenden Sie die Außentasche.

4. Stecken Sie die Außentasche rechts auf rechts in die Futtertasche. Feststecken. Naht an der Oberkante mit 1,25 cm Zugabe schließen. Passen Sie auf, dass Sie die Schlaufen nicht mit annähen. Kürzen Sie die Zugabe auf 0,5 cm. Schneiden Sie sie um die Rundung herum ein.

5. Wenden Sie die Tasche durch die Öffnung im Futterstoff.

6. Öffnung mit Blindstich schließen.

7. Binden Sie die Bambusgriffe mit Doppelknoten fest wie auf dem Foto unten.

Auch als Wendetasche schick!

Knoten Sie die Bambusgriffe fest.

Das gute Stück wird zur Unterarmtasche gefaltet.

Die Sonntags-tasche

Mit ihrem Outfit aus Spitze und dem hübschen Medaillon ist dieses Prachtstück ideal für Hochzeiten und Landausflüge. Als Kontrapunkt dienen zwei durchsichtige Plastikgriffe. Darüber hinaus lässt sie sich auch noch wenden.

Fertige Größe

circa 25 x 20 cm

Stoffe und Zubehör

- Spitze, 45 x 120 cm
- türkisfarbener Chiffon, 45 x 120 cm
- weißer Leopardendruck, 45 x 140 cm
- weiße Tressen, 160 cm
- Vlies
- 2 durchsichtige Plastikrundgriffe, 10 cm Breite
- passendes Nähgarn
- weißes Stickgarn
- transparentes Polyestergarn
- Freihand-Stickfuß
- Sprühzeitkleber
- Stecknadeln
- Schere
- Maßband
- Schnittmuster
- Anhänger oder Anstecknadel (nach Belieben)

Tipp!

Wenn Sie kein so großes Stück Spitze auftreiben können, nehmen Sie breite Streifen, die Sie nebeneinander anordnen. Die Spitze wird mit transparentem Faden frei auf den Chiffon gequiltet.

Vorbereitung

1. Besprühen Sie die linke Seite des Chiffons mit Sprühzeitkleber. Legen Sie ihn auf das Vlies. Glätten.

2. Zuschnitt wie Plisseestoff Seite 79:

- 2 x verstärkten Chiffon (Tasche)
- 2 x weißen Leopardendruck (Futter)
- 2 x Spitze (Bezug)

3. Legen Sie die Spitze passgenau auf den Chiffon. Verwenden Sie Streifen, dann dürfen keine Zwischenräume zu sehen sein. Feststecken und Spitze, wenn nötig, der Taschenform anpassen.

4. Nähen Sie zum Sichern in 1 cm Abstand von der Schnittkante um den Griffausschnitt beider Stücke herum.

Der kleine Kick

1. Spulen Sie das transparente Garn auf. Sie können auch einfädiges Garn verwenden, das besonders fein ist. Der Unterfaden ist weiß.

2. Setzen Sie den Freihand-Stickfuß ein und nehmen Sie den Transporter weg.

3. Quilten Sie die Spitze an den Musterformen entlang. Wenn Sie zu einem anderen Motiv überwechseln, nähen Sie an den feinen Fäden entlang. Bei Spitzenstreifen sollten Sie über die geraden Kanten hinweg mit verschlungenen Nähten quilten.

Eine schicke Anstecknadel verleiht den letzten Pfiff.

Griffschlaufen

1. Verknoten Sie die Tresse am Anfang. Ziehen Sie den Knoten gut fest.

2. Messen Sie 20 cm ab. Machen Sie dort wieder einen Knoten und gleich daneben den nächsten. Schneiden Sie die Tresse zwischen den Knoten durch. Stellen Sie so 6 Bändchen her.

3. Legen Sie die Bänder doppelt und stecken Sie so fest.

4. Platzieren Sie die Bänder um die Grifföffnung wie in Abb. 4.59. Die Schnittkanten der Bänder liegen genau auf der Schnittkante der Öffnung. Ein Paar liegt im rechten Winkel zum untersten Punkt der Öffnung, die anderen 1,5 cm unterhalb der Taschenoberkante, damit noch genug Zugabe für die obere Naht bleibt. Dasselbe auf der anderen Seite. Festheften.

Abb. 4.59

Knoten Sie die Griffe fest.

Zusammennähen

1. Legen Sie die Futterstücke rechts auf rechts aufeinander. Feststecken und die Seitennähte mit 1,25 Nahtzugabe schließen. Nähen Sie um die unteren Ecken herum. Lassen Sie in der Unterkante eine Öffnung von 12,5 cm. Kürzen Sie die Zugabe auf 0,5 cm. Schneiden Sie diese um die Rundung herum ein.

2. Legen Sie den gequilteten Oberstoff rechts auf rechts aufeinander. Feststecken. Schließen Sie Unter- und Seitenkanten mit 1,25 cm Zugabe. Kürzen Sie die Zugabe auf 0,5 cm und schneiden Sie sie um die Rundung herum ein.

3. Wenden Sie die Außentasche.

4. Stecken Sie die Außentasche rechts auf rechts in die Futtertasche.

5. Stecken sie die Oberkanten fest. Schließen Sie die Oberkante mit 1,25 cm Zugabe. Passen Sie auf, dass Sie die Schlaufen nicht mit annähen. Kürzen Sie die Zugabe auf 0,5 cm. Schneiden Sie sie um die Rundung herum ein.

6. Wenden Sie die Tasche durch die Öffnung im Futterstoff.

7. Schließen Sie die Öffnung mit Blindstich.

8. Befestigen Sie einen Anhänger mit Perle wie unten.

Wenn der Spitzenlook sie overdressed erscheinen lässt, wenden Sie die Tasche.

Rendezvous

Diese Tasche wird aus demselben Schnitt gemacht wie die beiden vorhergehenden, nur hat sie keinen Rundgriff, sondern eine runde Klappe und eine Kordel als Trageriemen. Nehmen Sie den Schnitt von Seite 79, Abb. 4.57, nur dass Sie oben keine Öffnung für den Rundgriff schneiden und die Kanten entsprechend abrunden. Die Maße bleiben dieselben. Ohne Trageriemen haben Sie eine hübsche Unterarmtasche. Die Tasche wird rechts mit Satinstich und grüner Seide gequiltet, links mit farblich passender Nähseide.

Fertige Größe

circa 20 x 25 cm

Stoffe und Zubehör

- Baumwolldruck in Purpur und Grün, 45 x 140 cm
- Dupionseide in Purpur, 90 x 135 cm
- Volumenvlies
- Stickvlies zum Ausreißen, 30 x 35 cm
- Perlenfransen, 50 cm
- Schneider-Kopierpapier, 30 x 35 cm (2 x)
- passendes Nähgarn
- grüner Metallic-Dekofaden und purpurfarbenes Stickgarn
- steifer Karton, 23 x 13 cm
- Zickzack- oder Satinstichfuß
- Sprühzeitkleber
- 2 silberfarbene Haken
- Schneiderkreide
- Sicherheitsnadel, Stecknadeln
- Schere
- Schnittmuster

Mit engem Zickzackstich entsteht ein Quilt-Effekt.

Vorbereitung

1. Zuschnitt wie folgt *:
- 2 x Dupionseide wie Plisseestoff auf Seite 79 (1.1)
- 2 x Baumwollfutter wie in 1.1
- 2 x Volumenvlies wie in 1.1
- 2 x Schrägstreifen aus Seide, 5 x 15 cm (Schlaufen)
- 2 x Schrägstreifen aus Seide, 5 x 120 cm (Trageriemen)

2. Sprühen Sie die linke Seite der Seidenstücke mit Stoffkleber ein. Auf das Vlies legen. Glätten.

3. Markieren Sie mit Schneiderkreide den Ansatzpunkt der Schlaufen rechts und links auf einer Linie 12 cm unter der Oberkante.

*Schneiden Sie vorsichtshalber alle Stücke mit 5 cm Zugabe zu, denn durch das Quilten geht Stoff verloren. Schneiden Sie sie erst vor dem Nähen auf die richtige Passform.

Der kleine Kick

1. Wählen Sie einen Zierstich oder arbeiten Sie mit Satinstich wie auf den Foto links.

2. Übertragen Sie das Muster von Seite 87 auf Schneider-Kopierpapier.

3. Legen Sie es über den Stoff und vervollständigen Sie es, bis es die ganze Schnittform ausfüllt. Legen Sie auf jedes der Stücke ein eigenes Blatt. Feststecken.

4. Oberspule mit purpurfarbenem Stickgarn, Unterspule mit purpurfarbenem Baumwollgarn füllen.

5. Nähen Sie zuerst mit dem Geradstich-Fuß an den Linien entlang über das Papier. Nähen Sie langsam und so glatt wie möglich über die Linien.

6. Reißen Sie nun das Papier ab.

7. Nun spulen Sie auf die Oberspule grünes Metallic-Garn, auf die Unterspule einen passenden grünen Faden.

8. Setzen Sie den Zickzack- bzw. Satinstichfuß ein.

9. Legen Sie das Stickvlies unter das Volumenvlies des anderen Seidenstücks. Feststecken.

10. Nun nähen Sie im Zickzackstich langsam über die Linien. Machen Sie zuerst die Naht in der Mitte und arbeiten Sie sich zu den Seiten vor.

11. Reißen Sie das Stickvlies ab.

12. Schneiden Sie beide Stücke noch einmal passend zu.

Tipp!

Bevor Sie sich an Schritt 10 machen, nähen Sie ein Muster. Verwenden Sie dazu dieselben Stoffe in derselben Abfolge. Die Öffnung im Zickzackfuß ist breiter, damit die voluminöse Naht sich nicht verfängt. Probieren Sie verschiedene Stichbreiten aus.

Perlensaum

1. Markieren Sie mit Schneiderkreide den Saum 1,25 cm von der Schnittkante entfernt an der Oberkante der Seidenstücke.

2. Stecken Sie den Ansatz der Perlenfransen auf dieser Linie fest wie in Abb. 4.60. Achten Sie darauf, dass das Fransenband locker sitzt. Wird es zu streng genäht, zieht sich die Öffnung zusammen. Anheften. Dasselbe auf der anderen Seite. Lassen Sie 1,25 cm Abstand zu den seitlichen Schnittkanten.

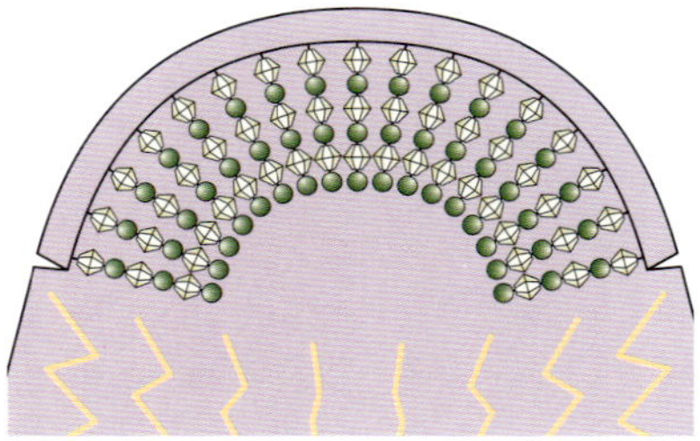

Abb. 4.60

Das Fransenband muss locker sitzen, damit sich die Öffnung nicht wellt.

Schlaufen und Trageriemen

1. Falten Sie den kurzen Streifen längs rechts auf rechts. Verschließen Sie die Naht mit 1,25 cm Zugabe. Mit einer Sicherheitsnadel wenden.

2. Schneiden Sie die Schlaufe in der Mitte durch.

3. Legen Sie die Schlaufen doppelt. Feststecken.

4. Stecken Sie die Schlaufen 12 cm von der Oberkante nach unten fest wie in Abb. 4.61. Faltkanten zeigen nach innen

Abb. 4.61

5. Falten Sie den langen Streifen längs rechts auf rechts.

6. Schließen Sie die Längskante mit 1,25 cm Zugabe.

7. Mit einer Sicherheitsnadel wenden.

8. Fädeln Sie die Enden durch einen silbernen Verschlusshaken.

9. Dann die Enden einschlagen und am Riemen festnähen, damit sie nicht ausfransen.

Zusammennähen

1. Legen Sie die beiden Seidenstücke rechts auf rechts aufeinander. Feststecken. Schließen Sie Seiten- und Unterkante mit 1,25 cm Zugabe. Zugabe auf 0,5 cm kürzen, an den gerundeten Ecken einschneiden.

2. Nach außen wenden.

3. Legen Sie die beiden Futterstücke aus Baumwolle rechts auf rechts aufeinander. Schließen Sie die Seitennähte. An der Unterkante lassen Sie eine Öffnung von 12,5 cm. Kürzen Sie die Nahtzugabe auf 0,5 cm. An den gerundeten Ecken einschneiden.

4. Stecken Sie die Außentasche rechts auf rechts in die Futtertasche. Die Schnittkanten liegen aneinander. Oberkante feststecken. Von Hand über den Heftstich hinwegsteppen, der die Perlenfransen hält.

5. Wenden Sie die Tasche durch die Öffnung im Futterbeutel.

6. Karton zusammenrollen und durch die Öffnung stecken. Zwischen Futter und Seidenstoff schieben, sodass er die Vorderseite unten verstärkt.

7. Öffnung mit Blindstich schließen.

8. Befestigen Sie den Trageriemen an den Schlaufen.

Pflaumen- und seladongrüne Perlen, ein Hauch von Seide und ein beschwingter Trageriemen – Zutaten für einen bemerkenswerten Abend.

Bitte mit 125% vergrößern.

Weekend in Acapulco

Eine Tasche zum Verlieben: türkisfarbene Seide, Stickerei und ein Perlengürtel als Trageriemen. Da der Gürtel nur mit Haken befestigt ist, können Sie ihn auch weiterhin als Gürtel nutzen. Die Seide wird mit schimmerndem Viskosefaden bestickt und von Hand mit kleinen runden Perlen verziert. Natürlich können Sie die Tasche auch als Unterarmtasche nutzen oder Sie mit einem anderen Griff tragen.

Fertige Größe

circa 14 x 22,5 cm

Stoffe und Zubehör

- türkisfarbene Dupionseide, 90 x 135 cm
- Stabilisator zum Aufbügeln
- steifer Karton:
  - 22,5 x 11,25 cm (2 x)
  - 22,5 x 5 cm
- Schneider-Kopierpapier, 30 x 35 cm (2 x)
- passendes Nähgarn
- Deko- oder Metallic-Garn zum Sticken
- Perlen, deren Loch groß genug ist, damit eine Nadel durchpasst
- Magnetverschluss
- Schneiderkreide
- Stoffkleber
- 2 silberfarbene Haken von 23 mm, wenn der Gürtel aus Silber ist
- Nähnadel für Perlen
- Stecknadel, Schere
- Schnittmuster
- „unsichtbares" Polyestergarn

Tipp!

Benutzen Sie für die Markierungen Schneiderkreide, denn der übliche Markierstift geht nicht mehr ab, wenn er beim Aufbügeln des Vlieses unbeabsichtigt fixiert wird.

Vorbereitung

1. Zuschnitt wie folgt:
- 2 x Dupionseide wie Abb. 4.62. Vergrößern Sie das Bild auf: Oberkante 30 cm, Höhe 35 cm (1.1)
- 1 x Stabilisator wie in 1.1
- 2 x Dupionseide wie Abb. 4.63. Vergrößern Sie das Bild auf: Oberkante 26 cm, mittlere Höhe 14 cm (Klappe)
- 1 x Stabilisator wie Abb. 4.63
- 1 x Seidenstreifen, 5 x 15 cm (Schlaufen)
- 3 x Karton wie angegeben
- 2 x Stabilisator, 5 x 5 cm

2. Schneiden Sie von dem größeren Vlies an allen Seiten 1,25 cm Nahtzugabe weg.

3. Legen Sie die linke Seite des Seidenstoffes auf das Vlies. Mit einem Teflontuch aufbügeln.

4. Schneiden Sie vom kleineren Vlies an allen Seiten 1,25 cm Zugabe weg.

5. Legen Sie die linke Seite der Klappe auf das Vlies. Aufbügeln wie unter Punkt 3.

6. Messen Sie auf der linken Seite des anderen Taschenstücks, das als Futter dient, mittig je 3 cm vom oberen und unteren Rand. Markieren Sie dort den Ansatzpunkt für den Magnetverschluss.

7. Stecken Sie dort je ein Stabilisator-Quadrat fest.

Der kleine Kick

1. Übertragen Sie das Schnittmuster auf Kopierpapier.

2. Legen Sie dieses über das Seide-Vlies-Stück. Feststecken.

3. Setzen Sie die Spule mit dem Dekogarn, die passende Nadel und den Freihand-Stickfuß ein.

4. Quilten Sie wie in Abb. 4.62 an den geschwungenen Linien des Musters entlang durch alle Lagen. Reißen Sie am Ende das Papier ab.

Abb. 4.62

5. Dasselbe machen Sie nun mit dem Seiden-Vlies-Stück für die

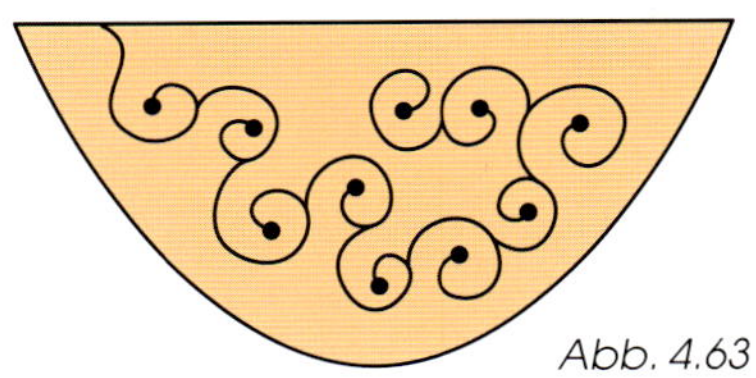

Abb. 4.63

Klappe. Verwenden Sie das Muster von Abb. 4.63.

6. Legen Sie Vorder- und Rückseite der Tasche fest. Die Vorderseite misst 15 cm über die ganze Breite, für den Boden bleiben 5 cm. Die Vorderseite wird mit Perlen verziert wie auf dem Foto links. Die Rückseite nicht, denn diese tragen Sie am Körper, was für die Perlen zu viel Reibung ergibt.

Tipp!

Nähgarn ist stärker als die Nähseide, mit der die Perlen angenäht werden. Haben Ihre Perlen scharfe Kanten, nehmen Sie stattdessen transparentes Polyestergarn.

7. Beim Einfädeln nehmen Sie den Faden zum Annähen der Perlen einfach. Verknoten Sie ihn am Ende.
8. Beginnen Sie in der Mitte der Vorderseite mit dem Aufsticken der Perlen. Stechen Sie von hinten ein, führen Sie den Faden durch die Perle, stechen Sie gleich neben dem Ausstichloch wieder ein und ziehen Sie den Faden an. Wiederholen. Dann gehen Sie weiter zur nächsten Perle. (Siehe Seite 21).
9. Fahren Sie mit dem Annähen fort. Nach 3-4 Perlen verknoten Sie den Faden zur Sicherung auf der Rückseite. Sind die Perlen etwas größer, sichern Sie jede einzelne. An den Säumen keine Perlen aufnähen.
10. Verzieren Sie so auch die Klappe.

Besticken Sie die Vorderseite der Tasche von Hand mit den Perlen.

Schlaufen

1. Falten Sie den Streifen längs rechts auf rechts. Dann schließen Sie die lange Naht mit 1,25 cm Zugabe.
2. Mit Hilfe einer Sicherheitsnadel wenden.
3. In der Mitte durchschneiden.
4. Jeden Streifen doppelt legen, auf der Taschenaußenseite in den Seitennähten feststecken wie in Abb. 4.64. Schnittkanten von Taschenoberkante und Schlaufen liegen aufeinander.

Zusammennähen

1. Legen Sie das bestickte Taschenstück doppelt rechts auf rechts. Schließen Sie die Seitennähte mit 1,25 cm Zugabe und bügeln Sie die Naht auf. Falten Sie die Ecken auf (siehe Seite 17) und messen Sie 1 cm nach innen. Quernaht setzen. Falten Sie die Ecken nach unten und nähen Sie sie fest. Wenden.
2. Das Futterstück doppelt rechts auf rechts legen. Schließen Sie die Seitennähte mit 1,25 cm Zugabe. Nähte aufbügeln. Ecken auffalten, 1 cm nach innen messen, Quernaht setzen.
3. Legen Sie die beiden Klappenstücke rechts auf rechts aufeinander. Nähen Sie mit 1,25 cm Zugabe um die Rundung herum. Setzen Sie gleich daneben eine zweite Naht. Versäubern Sie die Zugabe auf 0,5 cm. Schneiden Sie die Zugabe um die Rundung im Abstand von 1 cm ein.
4. Wenden.
5. Stecken Sie die beiden geraden Säume aufeinander. Legen Sie die Klappe nun rechts auf rechts auf die Rückseite der Tasche wie in Abb. 4.64. Feststecken und die gerade Naht mit 1,25 cm Zugabe schließen.
6. Stecken Sie nun die Außentasche (mit Klappe und Schlaufen) rechts auf rechts in die Innentasche wie in Abb. 4.65. Stecken Sie die Oberkanten der Tasche fest.

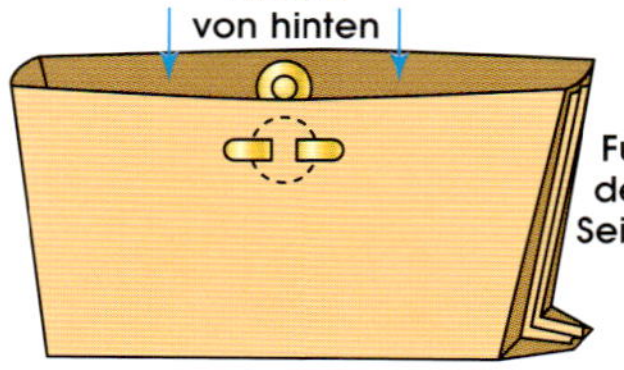

Abb. 4.65

7. Schließen Sie die Naht an der Oberkante mit 1,25 Zugabe. Lassen Sie an der hinteren Oberkante 15 cm offen. Zugabe auf 0,5 cm kürzen.
8. Wenden Sie die Tasche durch die Öffnung wie in Abb. 4.66.
9. Schneiden Sie das Karton-Rechteck konisch zu, so dass die Unterkante nur 20 cm misst. Sie rollen das Stück von der Unterkante her auf, führen es in die Öffnung ein und schieben es auf die Vorderseite zwischen Futter und Stoff, wo es sich entrollt. Die längere Kante liegt oben. Wiederholen Sie den Vorgang für die Rückseite. Befestigen Sie den Magnetverschluss nach Anleitung.
10. Nun schieben Sie das schmale Kartonstück in den Boden der Tasche. Achten Sie darauf, dass es gut sitzt.
11. Schließen Sie die Öffnung mit Blindstich.
12. Hängen Sie einen Haken in eine der Schlaufen und befestigen Sie ihn am Gürtel. Dann hängen Sie den Karabinerhaken am Gürtel in die andere Schlaufe wie unten auf dem Foto.

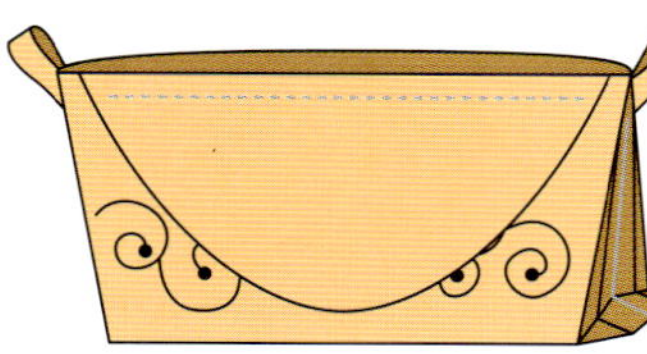

Abb. 4.64

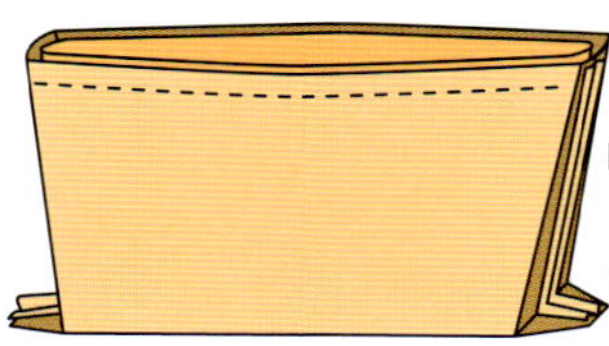

Abb. 4.66

Hängen Sie den Gürtelverschluss in eine der Schlaufen ein.

Starlet

Diese exklusive Tasche mit Federn in Schwarz und Weiß ist das richtige Stück für einen Galaabend. Die Federn werden durch schwarzen Brokat akzentuiert. Und wo verstecken Sie sich vor den aufdringlichen Fotografen?

Fertige Größe

circa 27,5 x 12,5 cm

Stoffe und Zubehör

Baumwolldruck, Weiß in Weiß, 90 x 140 cm
Stabilisator zum Aufbügeln
schwarzer Brokat, 90 x 135 cm
Volumenvlies
Federfransen, 45 cm
Baumwollkordel, 2,5 cm dick, 90 cm lang
Nähgarn in Schwarz und Weiß
biegsamer Polyestersteg, 45 cm
Stecknadeln
Schere
Schnittmuster

Tipp!

Die Federfransen sollten etwa 15 cm breit sein.

Vorbereitung

1. Zuschnitt wie folgt:

- 4 x Baumwolldruck wie Abb. 4.67. Vergrößern Sie das Bild auf: mittlere Höhe 17,5 cm, maximale Breite 34 cm (1.1)
- 2 x Aufbügelvlies wie in 1.1
- Schrägstreifen aus schwarzem Brokat, 12,5 x 42,5 cm (Besatz)
- Schrägstreifen aus schwarzem Brokat, 6 x 40 cm (Griff)
- Schrägstreifen aus schwarzem Brokat, 6 x 17,5 cm (Verschluss)
- Baumwollkordel, 40 cm (Griff)
- Baumwollkordel, 17,5 cm (Verschluss)

2. Schneiden Sie vom Stabilisator an allen Seiten die 1,25 cm Zugabe weg. Dies gilt nicht für die Kerben, wo die Steifigkeit des Vlieses den Taschenboden in Form bringt.

3. Legen Sie ein Stück des weißen Stoffes links auf ein passendes Stück Volumenvlies. Mit dem anderen Stoffstück wiederholen. Aufbügeln. Nähen Sie die schwarzen Schrägstreifen wie auf Seite 16 angegeben.

Zusammennähen

1. Legen Sie bei jedem der vier weißen Stücke die Kerben aufeinander wie in Abb. 4.67 links. Mit 1,25 cm Zugabe aufeinander nähen. Bügeln Sie die Nähte zur Mitte hin um.

2. Legen Sie nun die beiden gevliesten Baumwollstücke rechts auf rechts aufeinander. Zusammenstecken und die Nähte an Unter- und Seitenkanten mit 1,25 cm Zugabe schließen. Kürzen Sie die Zugabe auf 0,5 cm. Schneiden Sie die Zugabe ein wie in Abb. 4.68 oben.

3. Wenden.

4. Wiederholen Sie den Vorgang mit den beiden anderen Stücken.

5. Stecken Sie diese Tasche in die verstärkte Außentasche wie in Abb. 4.68, Seitennähte aufeinander. Oberkante feststecken und heften.

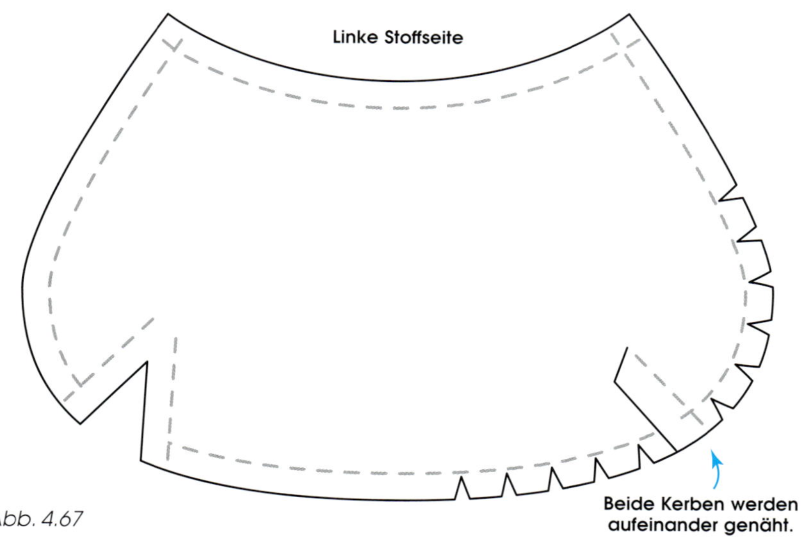

Abb. 4.67

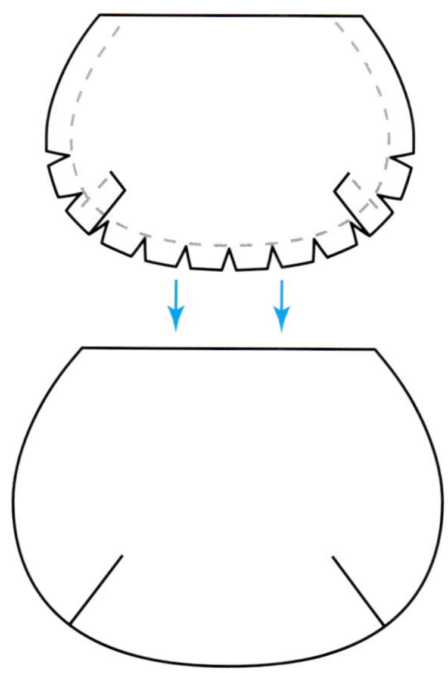

Abb. 4.68

Griff und Verschluss

1. Falten Sie den 40 cm langen Streifen längs rechts auf rechts. Schließen Sie die Naht mit 1,25 cm Zugabe.

2. Mit Hilfe einer Sicherheitsnadel wenden. Ziehen Sie die Baumwollkordel ein.

3. Schlagen Sie die Schlaufe an den Enden zurück und kürzen Sie die Kordel um 2,5 cm auf jeder Seite. Ziehen Sie die Enden der Schlaufe wieder darüber.

4. Biegen Sie die Schlaufe zu einem Griff wie auf dem großen Foto. Heften Sie die Enden aufeinander, wobei die Naht innen liegen sollte.

5. Falten Sie den 17,5 cm langen Streifen längs rechts auf rechts. Schließen Sie die Naht mit 1,25 cm Zugabe.

6. Wiederholen Sie Schritt 2–4, um so die Verschlussschlaufe zu machen.

Griff- und Vorderschlaufe bilden einen schicken, ungewöhnlichen Verschluss.

Federfransen

1. Markieren Sie die Mitte der Tasche vorne und hinten mit einer Stecknadel. (Da die Seiten gleich aussehen, müssen Sie bestimmen, wo „Ihr" Vorderteil liegt.)

2. Stecken Sie nun das Fransenband um die Oberkante herum fest. Die beiden Enden sollten sich mindestens 3 cm überlappen und an der rückwärtigen Taschenmitte liegen.

3. Federn am Ansatz festheften.

Tipp!

Bevor Sie den Besatz festnähen, sollten Sie ausprobieren, ob Griff- und Verschlussschlaufe passen. Stecken Sie die Griffschlaufe durch die Verschlussschlaufe und ziehen Sie diese fest. Wenn sie zu locker sitzt und die Tasche nicht schließt, können Sie sie jetzt noch kürzen.

Besatz

1. Legen Sie die Enden des Griffs auf die rückwärtige Taschenmitte über den Federn. Die noch nicht versäuberten Kanten liegen auf der Schnittkante der Tasche. Festheften.

2. Legen Sie die Verschlussschlaufe auf die vordere Taschenmitte, Schnittkante auf Schnittkante. Festheften.

3. Legen Sie den 42,5 cm langen Schrägstreifen mit den kurzen Enden rechts auf rechts aufeinander. Schließen Sie die kurze Naht mit 1,25 cm Zugabe. Kürzen Sie diese auf 0,5 cm und bügeln Sie sie auf.

4. Falten Sie den Streifen längs links auf links. Bügeln. Schließen Sie die Längsnaht mit 0,5 cm Zugabe.

5. Legen Sie nun den Streifen rund um die Oberkante der Tasche. Die kurze Naht liegt auf der rückwärtigen Taschenmitte. Die Schnittkante des Schrägstreifens liegt genau an der Oberkante der Tasche. Feststecken.

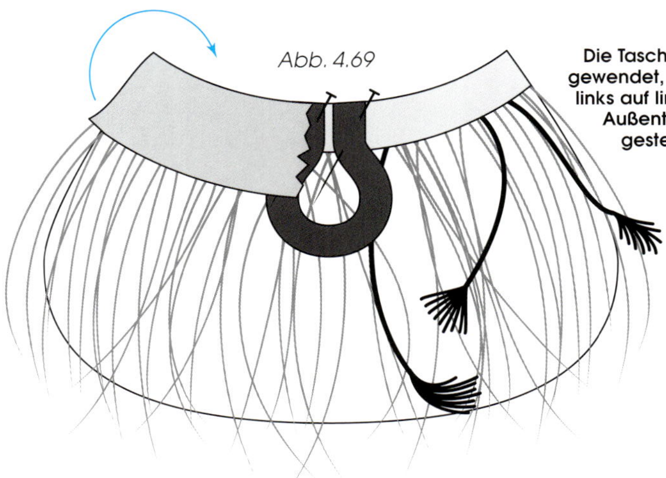

Zu guter Letzt

1. Nähen Sie nun einen 1,25 cm breiten Saum um die Oberkante (unterhalb der Schrägstreifennaht) durch alle Lagen: Stoff, Federn, Brokatbesatz. So fixieren Sie auch Griff und Vorderschlaufe. Siehe Abb. 4.70 und 4.71. Wenn es mit der Maschine nicht geht, nähen Sie von Hand. Sichern Sie auf jeden Fall Beginn und Ende der Naht mit Rückstich.

2. Klappen Sie den Schrägstreifen über die Schnittkanten und nähen Sie ihn auf der Innenseite fest, siehe Abb. 4.72. Bevor Sie ihn festnähen, legen Sie den Polyestersteg über die Schnittkanten, sodass die Öffnung in Form bleibt.

3. Ziehen Sie das Volumenvlies über den Steg. Mit Schrägstreifen bezogen sieht die Öffnung jetzt aus wie die beiden Schlaufen.

4. Klappen Sie nun den Besatz über das Ganze. Ziehen Sie den Stoff fest. Achten Sie darauf, dass die Oberkante den runden „Touch" des Griffs beibehält. Besatz feststecken und mit Blindstich fixieren.

Abb. 4.70

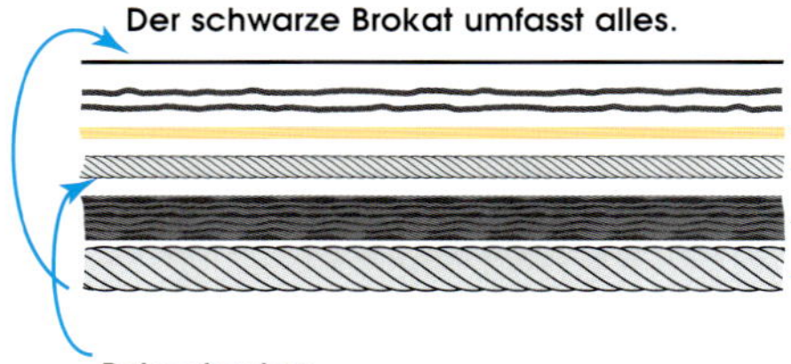

Abb. 4.72

Abb. 4.71

Tipp!

Federn und Brokatbesatz halten besser, wenn Sie sie mit Steppstich von Hand festnähen.

„Geld interessiert mich nicht. Ich möchte einfach nur wunderbar sein."
Marilyn Monroe

Shibori

Diese wunderschöne Tasche wurde aus einem Kimono in Shibori-Technik gefertigt, einer Sonderform der Abbinde-Batik. Die schlichten Formen dieses Stücks lassen den Stoff besonders schön hervortreten. Die Tasche wird mit Reißverschluss geschlossen. Der schlicht mit Haken befestigte Griff lässt sich am Abend gegen ein edleres Modell auswechseln.

Fertige Größe

circa 15 x 22,5

Stoffe und Zubehör

- Shibori-Stoff, 45 x 140 cm
- lavendelfarbene Dupionseide, 25 x 135 cm
- Volumenvlies
- Polyestersteg von 22,5 cm
- Sprühzeitkleber
- 2 Haken
- Reißverschluss, 12,5 cm
- Sicherheitsnadel
- passendes Nähgarn
- Reißverschlussfuß
- Zickzackfuß
- Stecknadeln, Schere
- Schnittmuster

Vorbereitung

1. Zuschnitt wie folgt:
- 2 x Shibori-Stoff wie Abb. 4.75. Vergrößern Sie das Bild auf: Oberkante 18 cm, Unterkante 25 cm, Höhe 15 cm (1.1)
- 2 x Dupionseide wie in 1.1
- 2 x Volumenvlies wie in 1.1
- 2 x Streifen, 5 x 7,5 cm (Schlaufen)
- Schrägstreifen, 5 x 27,5 cm (Griff)

2. Sprühen Sie die linke Seite der Shibori-Stücke ein und legen Sie das Vlies darauf. Glätten.

3. Falten Sie die beiden kleinen Streifen längs rechts auf rechts aufeinander.

4. Schließen Sie die Längsnaht mit 1,25 cm Zugabe.

Tipp!

Legen Sie das Schnittmuster so auf den Shibori-Stoff, dass Sie ein besonders schönes Stück des Musters erwischen. Die Schmalseite ist die Oberkante der Tasche.

5. Nach rechts wenden.

6. Doppelt legen und so feststecken.

7. Vor dem Zusammennähen legen Sie die Dupionseide links auf das Volumenvlies. Beide Stücke quilten.

Tipp!

Shibori ist eine spezielle Färbetechnik, die im Japan des 8. Jahrhunderts entstand. Der Begriff *shibori* kommt von *shiboru*, was wörtlich „auswringen" bedeutet. Der Stoff wird genäht, abgebunden und gekräuselt, bevor er gefärbt wird. Lehrlinge müssen 13 Jahre lernen, bis sie diese Technik beherrschen.

Zusammennähen

1. Nehmen Sie ein fertig geheftetes Shibori-Seiden-Stück und nähen Sie an der Oberkante einen Saum mit 1,25 cm Zugabe. Versäubern Sie die Naht und bügeln Sie sie glatt. Dasselbe bei dem anderen Stück.

2. Legen Sie diese beiden Stücke rechts auf rechts aufeinander. Schnittkanten liegen überall genau aufeinander. Stecken Sie die Stücke fest.

3. Nähen Sie mit Blindstich an der Oberkante von den Enden her je 1,5 cm nach innen. Sichern Sie die Nähte.

4. Falten Sie die Stücke auf wie in Abb. 4.73. Der Shibori-Stoff liegt mit der rechten Seite nach oben. Bügeln Sie die Naht auf.

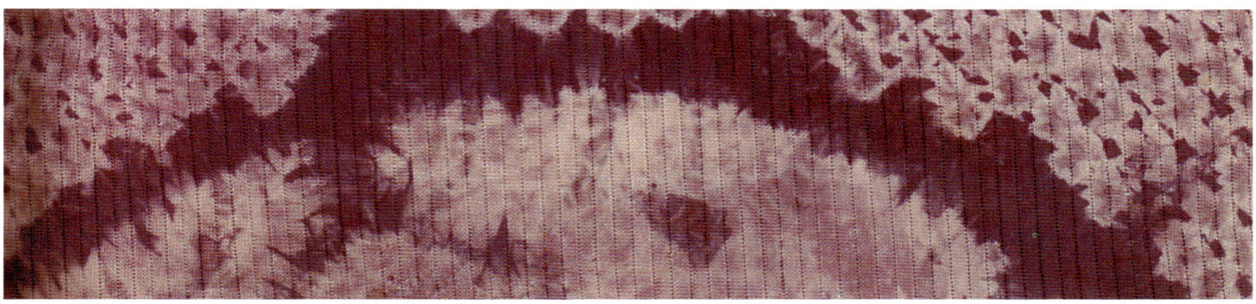

Reißverschluss

1. Legen Sie den Reißverschluss passgenau unter die Öffnung in der Mitte der Taschenoberkante wie in Abb. 4.73. Feststecken.

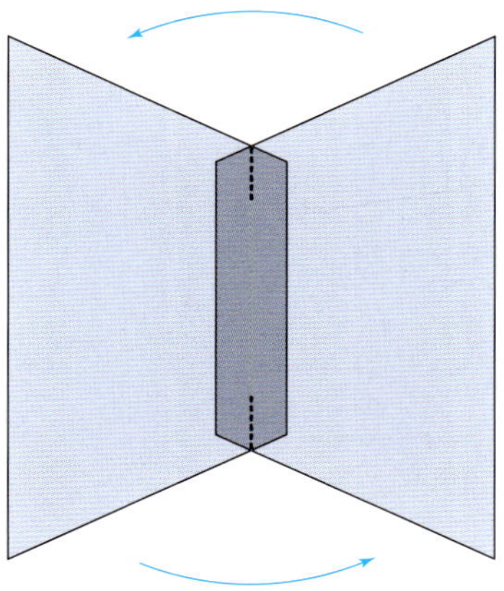

Abb. 4.73

2. Nahe an der Öffnung um den Reißverschluss nähen. Ende des Reißverschlusses durch eine Quernaht verriegeln. Passend abschneiden.

3. Tasche mittig falten. Shibori-Seiten liegen rechts auf rechts. Seitennähte feststecken.

4. Die Schlaufenenden auf der Innenseite der Tasche oben in die seitliche Nahtzugabe stecken. Auf beiden Seiten. Die Seitennähte mit 1,25 cm Zugabe schließen wie in Abb. 4.75. Zugabe auf 0,5 cm kürzen. Kanten mit Zickzackstich sichern.

Abb. 4.74

5. Öffnen Sie den Reißverschluss. Schließen Sie mit 1,25 cm Zugabe die Naht an der Unterkante. Versäubern Sie die Naht und sichern Sie die Kanten mit Zickzackstich wie in Abb. 4.75.

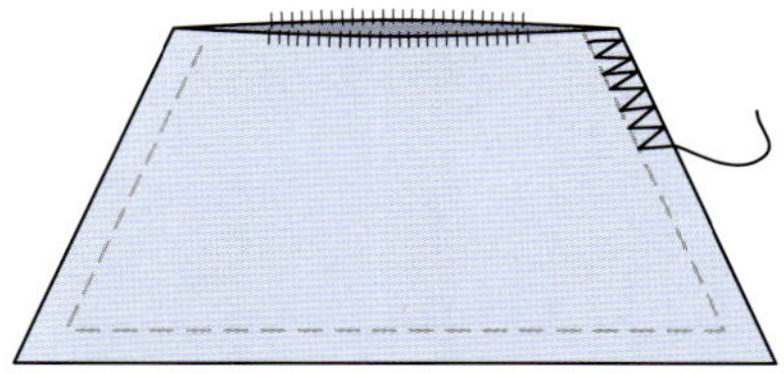

Öffnen Sie den Reißverschluss. Seiten und Unterkante schließen. Nähte versäubern und mit Zickzackstich sichern.

Abb. 4.75

6. Falten Sie die Ecken am Boden auf, messen Sie 1 cm nach innen und setzen Sie dort eine Quernaht. Die Ecken umschlagen und dort festnähen.

7. Die Tasche durch den geöffneten Reißverschluss wenden.

Zipper ist drin.

Griff

1. Falten Sie den langen Streifen längs rechts auf rechts. Schließen Sie die Längsnaht mit 1,25 cm Zugabe wie in Abb. 4.76.

Längsnaht schließen und wenden.

Abb. 4.76

2. Mit Sicherheitsnadel wenden.

3. Den Steg durch die Schlaufe schieben wie in Abb. 4.77.

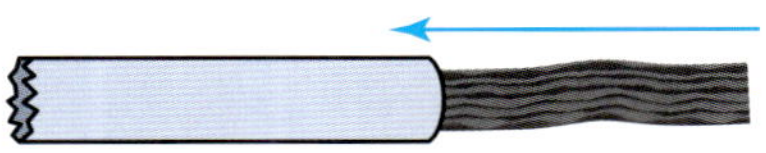

Steg in Schlaufe schieben.

Abb. 4.77

4. An beiden Enden den Stoff 1,25 cm in den Schlauch schieben wie in Abb. 4.78.

Enden im Schlauch versenken.

Abb. 4.78

5. Schlagen Sie die so versäuberten Enden 1,25 cm um (sodass an jedem Griffende eine Schlaufe entsteht wie in Abb. 4.79 a). Festnähen. Auf beiden Seiten.

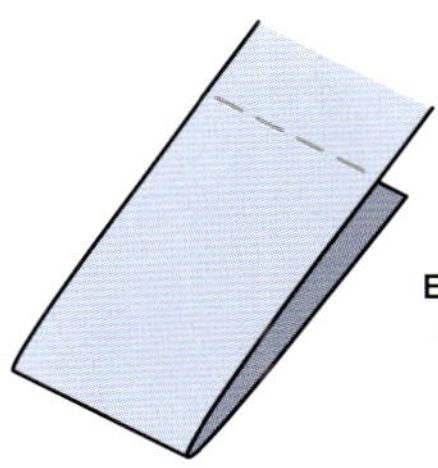

Enden einschlagen und zur Schlaufe vernähen

Abb. 4.79 (a)

6. Stecken Sie einen Karabinerhaken mit der kleinen Öse durch die Griffschlaufen. Die große Öse wird an den Taschenschlaufen befestigt wie in Abb. 4.79 b.

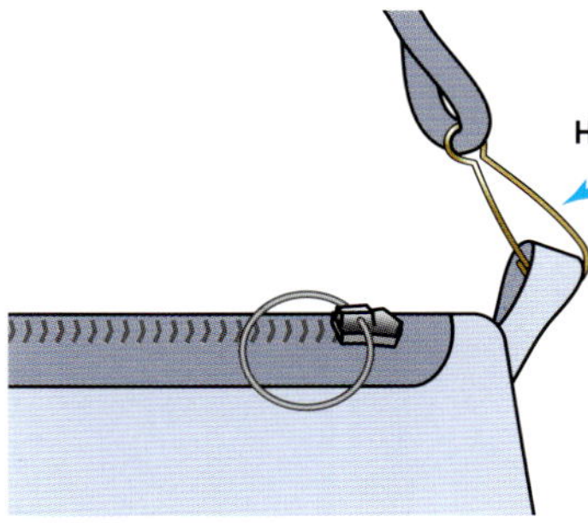

Abb. 4.79 (b)

Königin der Nacht

Aller Augen werden sich auf Sie richten, wenn Sie mit dieser Tasche die Freitreppe der Oper hinab flanieren. Die eleganten schwarzen Federn legen sich schmeichelnd um einen Beutel aus handgefärbter antiker Seide. Der Besatz besteht aus schwarzem Brokat. Für den Verschluss benutzen wir Seidenquasten und einen Türkisanhänger.

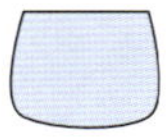

Fertige Größe

circa 16 x 17,5 cm

Stoffe und Zubehör

Antikseide in Schwarz, 45 x 140 cm
schwarzer Brokat, 15 x 90 cm
Volumenvlies
schwarze Kordel, 150 cm
schwarze Federfransen, Borte 40 cm
3 schwarze Seidenquasten
Anhänger oder Anstecknadel
passendes Nähgarn
Sprühzeitkleber
Maßband
Bügeleisen
Stecknadeln
Schere
Schnittmuster

Vorbereitung

1. Zuschnitt wie folgt:
- 4 x Seide wie Abb. 4.80 unten. Vergrößern Sie das Bild auf: Oberkante 28 cm, Höhe 18 cm.
- 2 x Volumenvlies wie oben
- Schrägstreifen aus Brokat, 6 x 37,5 cm
- Kordel, 125 cm (Trageriemen)
- Kordel, 15 cm (Verschluss)

Zusammennähen

1. Sprühen Sie das Vlies mit Stoffkleber ein. Legen Sie je 1 Stück Seide mit der rechten Seite nach oben darauf. Glätten.
2. Beide Seidenteile rechts auf rechts aufeinander legen. Seiten und Unterkante mit 1,25 cm Zugabe schließen. Naht versäubern. Zugabe um die Rundung herum einschneiden.
3. Wenden Sie die Tasche.
4. Legen Sie die beiden verbleibenden Seidenstücke rechts auf rechts aufeinander. Seiten und Unterkante mit 1,25 cm Zugabe. Zugabe auf 0,5 cm kürzen und um die Rundung herum einschneiden.
5. Stecken Sie die Futtertasche links auf links in die gevlieste Tasche wie in Abb. 4.80.
6. Die Schnittkanten liegen exakt aufeinander. Festheften. Falten Sie die Tasche so wie in Abb. 4.81.

Tipp!

Die Federfransen sind etwa 22,5 cm lang.

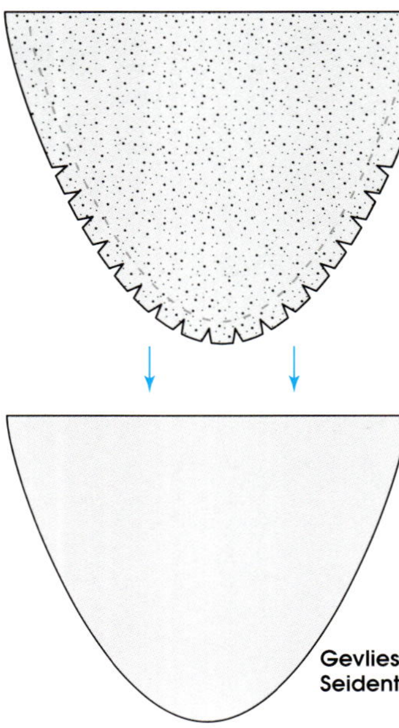

Abb. 4.80

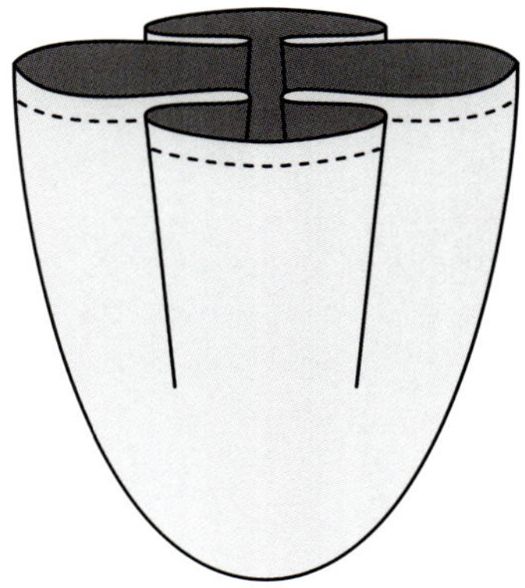
Abb. 4.81

Der kleine Kick

1. Legen Sie in der rückwärtigen Mitte beginnend die Federfranse um die Oberkante der Tasche. Am Ende sollten sich die Fransen überlappen. Am Fransenband feststecken.

2. Stecken Sie die Kordel über dem Fransenband mit beiden Enden an den Seitennähten fest wie in Abb. 4.82

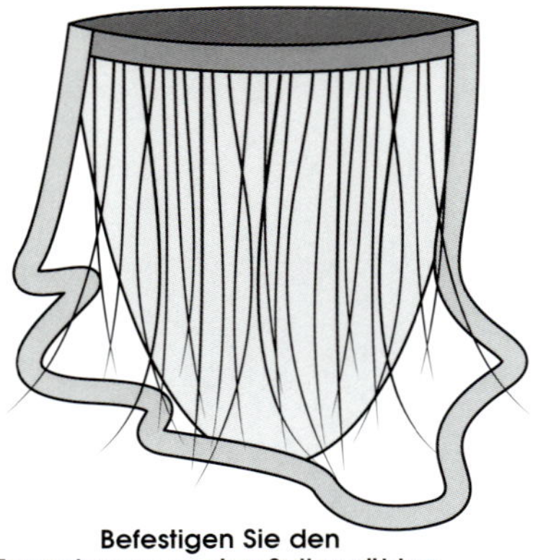

Abb. 4.82

Verschluss

1. Schlingen Sie das Quastenband wie in Abb. 4.83 um das kurze Kordelstück und schieben Sie es in die Mitte wie in Abb. 4.84.

2. Falten Sie die Kordelenden zur Schlaufe.

3. Stecken Sie die Schlaufe über dem Fransenband an der rückwärtigen Mitte der Tasche fest. Passen Sie die Größe der Schlaufe dem Verschluss an.

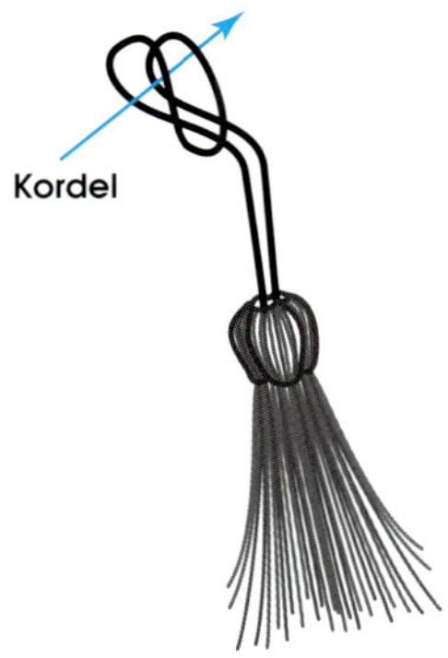

Abb. 4.83

Abb. 4.84

Zu guter Letzt

1. Falten Sie den Schrägstreifen mit den kurzen Enden rechts auf rechts aufeinander. (Je nach Breite des Fransenbandes müssen Sie den Besatz breiter oder schmäler machen.) Naht mit 1,25 cm Zugabe schließen und aufbügeln.

2. Legen Sie den Streifen nun über die Oberkante der Tasche. Die rechte Seite liegt auf den Federn. Feststecken wie in Abb. 4.85. Die Besatznaht liegt auf einer der Taschenseitennähte.

3. Nähen Sie mit 1,25 cm Zugabe (oder mehr, je nach Stärke des Fransenbandes) um die Oberkante herum. Sollte dies mit der Maschine nicht gehen, nähen Sie im Steppstich von Hand. Klappen Sie den Streifen nach oben.

4. Falten Sie den Besatz über die Oberkante und das Fransenband. Schlagen Sie die Schnittkante etwa 1,25 cm ein wie in Abb. 4.86. Legen Sie die Faltkante auf die Naht an der Oberkante und fixieren Sie den Besatz mit Blindstich.

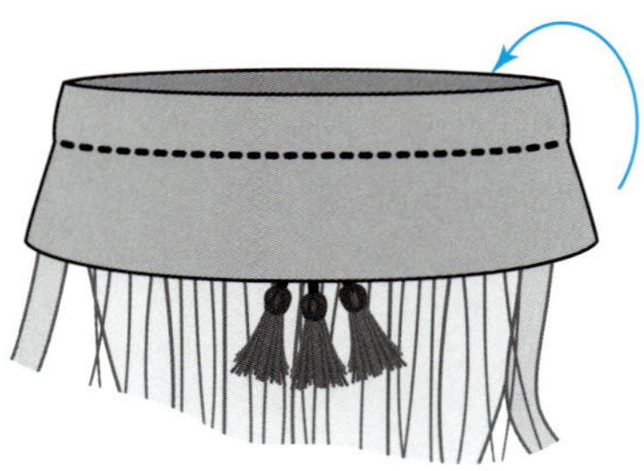

Abb. 4.85

Abb. 4.86

5. Stecken Sie die Anstecknadel vorne auf dem Besatz fest wie in Abb. 4.87.

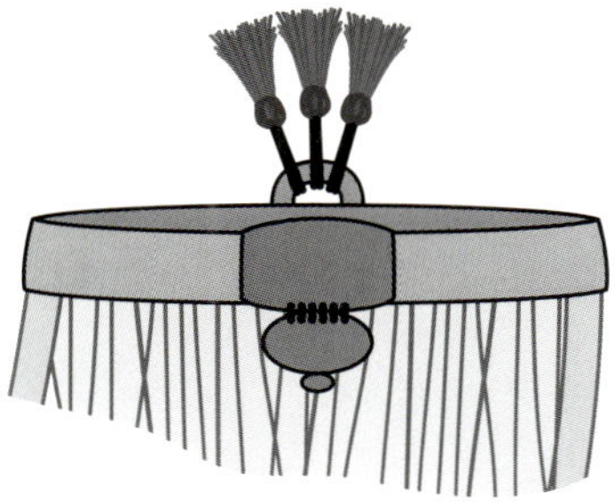

Abb. 4.87

Verwenden Sie statt der Anstecknadel einen Anhänger, müssen Sie diesen festnähen.

6. Zum Verschließen die Quastenschlaufe nach vorne legen und in der Anstecknadel einhaken wie in Abb. 4.88.

Abb. 4.88

Nicht vergessen:
✓Premierekarten
✓Verführerisch roter Lippenstift

Blütenzauber

Die Seidenröschen und die Organzablätter scheinen aus dem vorigen Jahrhundert zu stammen. Musselin ist ein besonders feiner Baumwollstoff. Da die Stoffe durchsichtig sind, scheint der Inhalt der Tasche durch. Füllen Sie sie mit Rosenblättern!

Fertige Größe

circa 16 x 15 cm

Stoffe und Zubehör

schimmernder Organza, 90 x 140 cm
Musselin, 25 x 140 cm
10 Seidenröschen, 2,5 cm lang
Zeitungspapier
klar trocknender Stoffkleber
passendes Nähgarn
Sicherheitsnadel
Stecknadeln, Schere
Schnittmuster

Tipp!

Nähen Sie Zirkone, Kristalle oder Perlen zwischen die Rosen. Sommerlicher wirkt die Tasche, wenn Sie Sommerblumen wie Margeriten applizieren und grünen oder gelben Stoff verwenden.

Vorbereitung

1. Zuschnitt wie folgt:
- 2 x Organza wie Abb. 4.80 unten (S. 99). Bild vergrößern: Oberkante 28 cm, Höhe 18 cm
- Organzastreifen, 7,5 x 27,5 cm (Besatz)
- 2 x Organzastreifen, 5 x 42,5 cm (Trageriemen)
- 6 x Organzaquadrate, 10 x 10 cm (Blätter)
- 1 x Musselin, 20 x 30 cm

2. Falten Sie eines der Quadrate mit der Spitze links auf links wie in Abb. 4.89. Schlagen Sie eine Spitze über die linke Kante, die andere über die rechte. Feststecken. Nähen Sie von Hand mit Vorstich einen gerundeten Saum durch alle Lagen.

3. Ziehen Sie am Faden, um das Blatt auf circa 1,9 cm zusammenzuziehen wie in Abb. 4.90. Versäubern Sie die Enden.

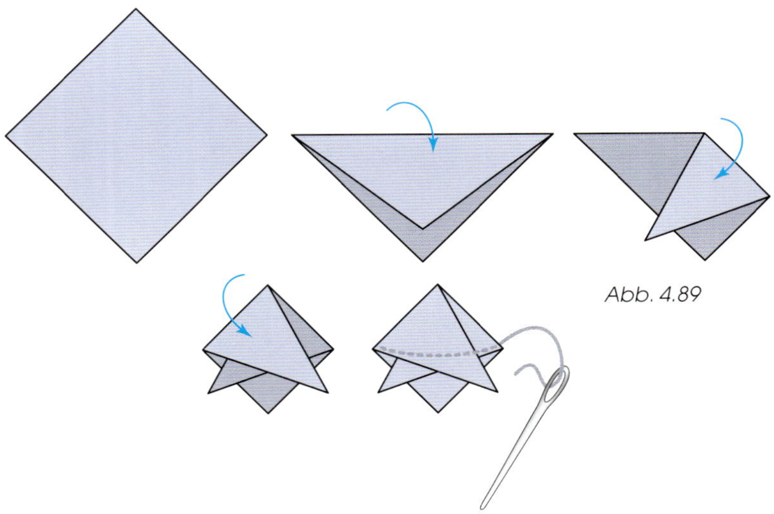

Abb. 4.89

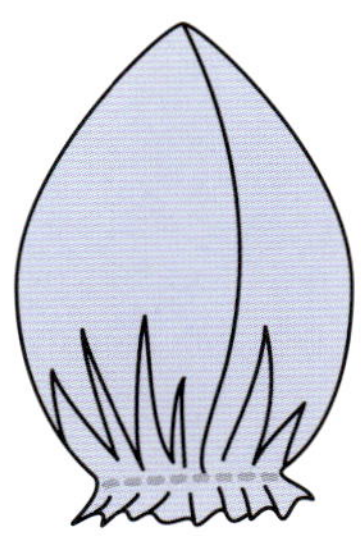

Unterseite des Blattes *Abb. 4.90*

Der kleine Kick

1. Legen Sie Ihren Arbeitsplatz mit Zeitungspapier aus. Musselin darauf ausbreiten. Während Sie die Rosen ankleben, wird der Kleber durch den Organza auf den Musselin durchgehen. Bewegen Sie den Organza also nicht, bevor Sie fertig sind. Dann ziehen Sie das Musselintuch weg. Mit Hilfe der Zeitung wenden Sie den Organza, sodass das Stück nun mit den Rosen nach unten liegt. Lassen Sie es 24 Stunden trocknen.

2. Legen Sie ein Organzastück mit der rechten Seite nach oben auf den Musselin. Arrangieren Sie die Rosen und Blätter wie in Abb. 4.91 oder auf dem Foto rechts. Fügen Sie nach Belieben mehr Rosen bzw. Blätter hinzu.

3. Stecken Sie die Blätter fest.

4. Nehmen Sie nun eine einzelne Rose, bestreichen Sie sie unten mit Kleber und setzen sie an ihren Platz zurück. Alle Rosen festkleben.

5. Nehmen Sie die Stecknadel aus einem Blatt. Bestreichen Sie das untere Stück vorne und hinten und legen Sie es an seinen Platz. Schieben Sie es unter die Rosen, sodass die Schnittkanten nicht mehr zu sehen sind. Der Kleber trocknet klar. Tragen Sie etwas Kleber rund um die Rosen auf, sodass sie nicht nur fest am Organza hängen, sondern auch von den Nachbarrosen gehalten werden.

6. Wenn Sie damit zufrieden sind, den Musselin abziehen; das Organzastück umgekehrt zum Trocknen auslegen.

Abb. 4.91

Arrangieren Sie Blumen und Blätter wie oben abgebildet oder nach eigenem Geschmack.

Trageriemen

1. Falten Sie einen der beiden Streifen längs rechts auf rechts.

2. Schließen Sie die Längsnaht und die kurzen Enden mit 1,25 cm Zugabe. Dasselbe beim anderen Streifen.

3. Mit Hilfe der Sicherheitsnadel wenden. Die Nahtzugabe wird nicht gekürzt.

Zusammennähen

1. Legen Sie die beiden Organzastücke rechts auf rechts aufeinander. Säumen Sie Unterkante und Seiten mit 1,25 cm Zugabe. Nähen Sie auf der Nahtzugabe an der ersten Naht entlang. Versäubern Sie die Naht auf 0,5 cm.

2. Nach rechts wenden.

3. Falten Sie die Tasche wie in Abb. 4.92.

4. Punktuell an der Oberkante anheften.

5. Stecken Sie die Trageriemen an den Seitennähten fest wie in Abb. 4.92. Die Schnittkanten liegen exakt aufeinander.

6. Falten Sie den 7,5 cm breiten Streifen, sodass die kurzen Enden aufeinander liegen. Säumen Sie sie mit 1,25 cm Nahtzugabe. Streichen Sie die Zugaben mit den Fingern glatt.

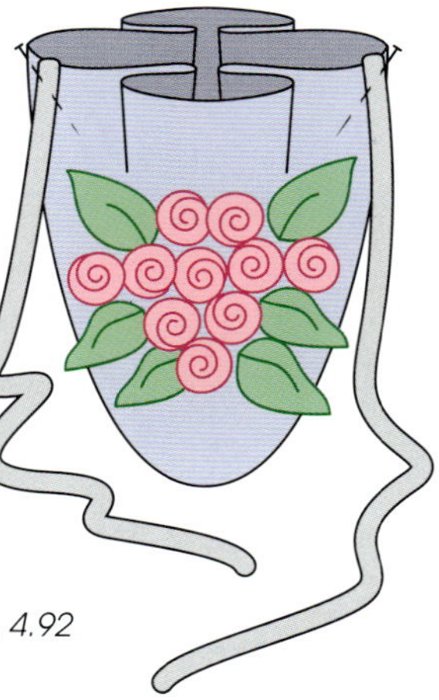

Abb. 4.92

7. Falten Sie den Streifen längs links auf links. Feststecken.

8. Legen Sie ihn um die Oberkante der Tasche herum. Feststecken. Der Saum am kurzen Ende liegt an einer der Seitennähte.

9. Nähen Sie mit 1,25 cm Zugabe um die Oberkante herum (Abb. 4.93). Klappen Sie den Streifen nach oben.

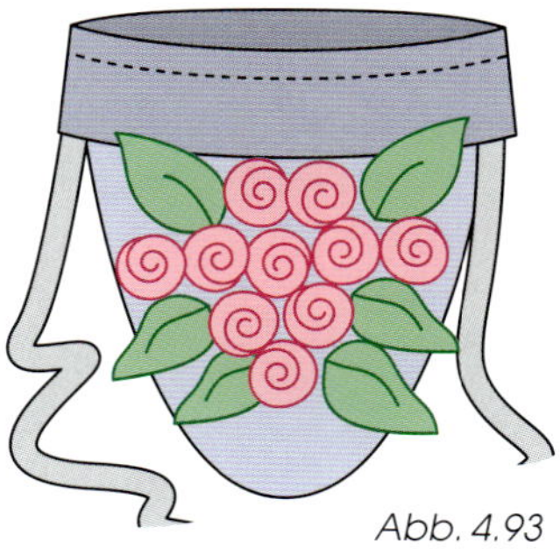

Abb. 4.93

10. Falten Sie den Streifen über die Schnittkante und legen Sie ihn mit der Faltkante auf die innere Naht wie in Abb. 4.94. Schließen Sie die Naht mit Blindstich.

Sansibar

Diese schicke Tasche passt fast zu jeder Garderobe. Die dekorative Klappe verdeckt einen Magnetverschluss. Gefüttert ist die Tasche mit beigefarbener Dupionseide, die mit schwarzem Stickgarn gequiltet wird. Schick ist auch der schwarze Perlengriff.

Fertige Größe

circa 16 x 27,5 cm

Stoffe und Zubehör

- Gobelinstoff mit Äffchenmuster, 30 x 140 cm
- beigefarbene Dupionseide, 70 x 135 cm
- Gewebevlies zum Aufbügeln
- Stabilisator zum Aufbügeln
- passendes Nähgarn
- schwarzes Stickgarn
- Magnetverschluss
- Perlenrundgriff, 15 cm Breite
- Freihand-Stickfuß
- kleines Bügeleisen
- Stecknadeln, Schere
- Schnittmuster

Vorbereitung

1. Zuschnitt wie folgt:

- 2 x Gobelin wie Abb. 4.67 (S. 92). Vergrößern Sie das Bild auf: mittlere Höhe 17,5 cm, maximale Breite 34 cm (1.1)
- 2 x Dupionseide wie in 1.1 (Futter)
- 2 x Gewebevlies zum Aufbügeln (Futter)
- 1 x Gobelin wie Abb. 4.97. Die Klappe misst: Oberkante 10 cm, Höhe 16 cm
- 1 x Dupionseide wie in 1.1
- 1 x Gewebevlies zum Aufbügeln wie in 1.1
- Schrägstreifen aus Dupionseide, 10 x 40 cm (Besatz)
- Schrägstreifen aus Dupionseide, 5 x 15 cm (Schlaufen)
- 2 x Stabilisator zum Aufbügeln, 7,5 x 7,5 cm (Klappe)

2. Kürzen Sie die Vliesstücke für das Futter an allen Seiten um 1,25 cm. Dies gilt nicht für die Kerben, wo die Steifigkeit des Vlieses den Taschenboden in Form bringt.

3. Legen Sie die Futterseide mit der linken Seite auf die passenden Vliese.

4. Legen Sie die Klappenseide mit der linken Seite auf das passende Vlies.

5. Markieren Sie den Sitz des Magnetverschlusses auf der rechten Seite des Gobelin-Vorderteils und auf der rechten Seite des Klappenfutters.

6. Bügeln Sie dort linksseitig je ein Stabilisator-Quadrat auf, um den Magnetverschluss zu unterfüttern.

7. Schneiden Sie zwei schmale Schlitze in jeden Stoff. Stecken sie die Dorne des Magnetverschlusses hindurch und biegen Sie sie auf der anderen Seite um.

Tipp!

Mit einem Mini-Bügeleisen lassen sich Ecken gut bügeln.

Der kleine Kick

1. Nehmen Sie das schwarze Stickgarn als Oberfaden, das schwarze Nähgarn als Unterfaden.

2. Mit dem Freihand-Stickfuß quilten Sie die Futterstücke in verschlungenen Linien bzw. in Ihrem Lieblingszierstich.

Zusammennähen

1. Die Kerben am Gobelin mit 1,25 cm Zugabe aufeinander nähen wie in Abb. 4.67 auf Seite 92. Bügeln Sie die Naht zur Mitte hin auf.

2. Legen Sie die Gobelinstücke rechts auf rechts aufeinander. Unter- und Seitenkanten mit 1,25 cm Zugabe schließen. Setzen Sie auf der Zugabe gleich neben die erste Naht eine zweite. Schneiden Sie die Zugabe um die Rundung herum ein, ohne sie zu kürzen.

3. Nach rechts wenden.

4. Die Kerben an den Futterstücken mit 1,25 cm Zugabe aufeinander nähen. Säume zur Mitte hin umbügeln.

5. Die Futterstücke rechts auf rechts aufeinander legen. Nähte an Unter- und Seitenkanten mit 1,25 cm Zugabe schließen. Zugabe kürzen und an der Rundung einschneiden.

6. Stecken Sie nun die Futtertasche links auf links in die Gobelintasche wie in Abb. 4.95. Die Seitennähte liegen genau aufeinander. Oberkanten aufeinander feststecken.

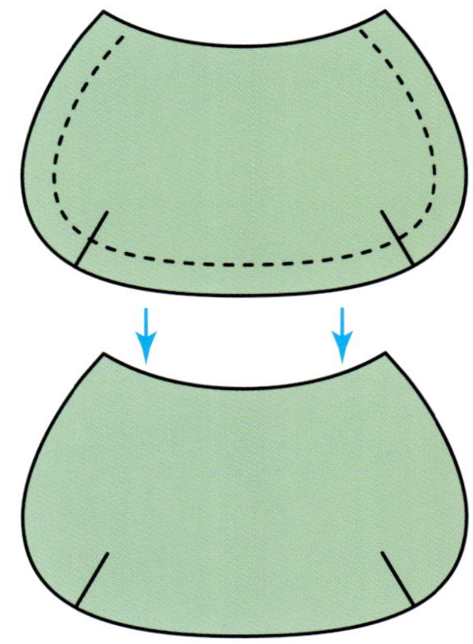

Abb. 4.95

Klappe

1. Legen Sie das Gobelin- und das Futterstück für die Klappe rechts auf rechts aufeinander. Feststecken. Seiten und Rundung mit 1,25 cm Zugabe schließen.

2. Auf der Zugabe eine zweite Naht neben die erste setzen. Zugabe auf 0,5 cm kürzen und an der Rundung einschneiden.

3. Nach rechts wenden und bügeln.

4. Stecken Sie die Klappe an der rückwärtigen Oberkante der Tasche außen fest, sodass sie nach unten zeigt. Gobelin liegt auf Gobelin. Festheften.

Schlaufen

1. Falten Sie den Besatzstreifen längs rechts auf rechts. Schließen Sie die Längsnaht mit 1,25 cm Zugabe.

2. Mit einer Sicherheitsnadel wenden.

3. Den Saum glatt bügeln.

4. In der Mitte durchschneiden.

5. Doppelt aufeinander legen und in den Seitennähten der Außentasche feststecken. Die Schnittkante der Schlaufen liegt auf der Schnittkante der Tasche.

Besatz

1. Messen Sie die obere Öffnung der Tasche und fügen Sie dem Maß 2,5 cm hinzu. Schneiden Sie den Besatzstreifen auf diese Länge zu.

2. Den Streifen rechts auf rechts doppelt legen. Feststecken und die kurzen Enden mit 1,25 Zugabe vernähen. Zugabe auf 0,5 cm kürzen und aufbügeln.

3. Falten Sie den Streifen längs links auf links. Bügeln.

4. Stecken Sie den Besatz an der Oberkante fest, sodass Schnittkante auf Schnittkante liegt. Feststecken und mit 1,25 cm Zugabe säumen.

5. Falten Sie den Streifen über die Schnittkanten nach innen wie in Abb. 4.96. Legen Sie die Faltkante des Streifens auf die innere Heftnaht.

6. Mit Blindstich fixieren. Am Ende sieht die Tasche aus wie in Abb. 4.97.

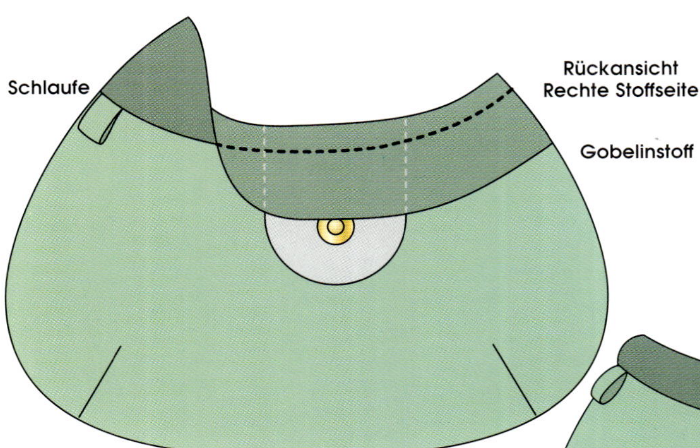

Abb. 4.96

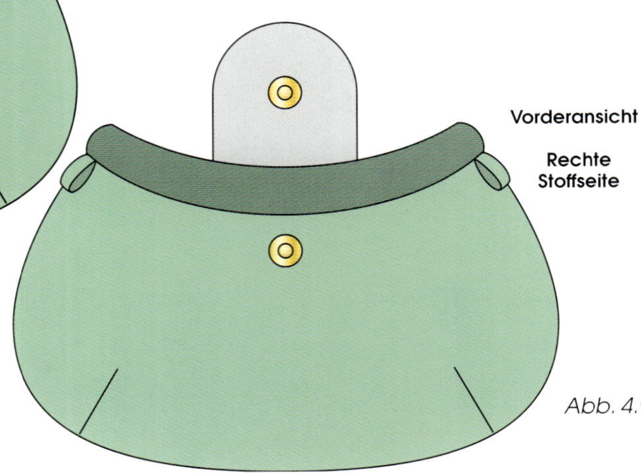

Abb. 4.97

Befestigen Sie den U-förmigen Griff in den Taschenschlaufen.

Griff

1. Nehmen Sie rechts und links die Schraube aus dem Griffansatz.
2. Stecken Sie den Ansatzbügel rechts und links durch die Schlaufen.
3. Führen Sie den Griff über den Ansatzbügel. Stecken Sie die Schraube wieder hindurch und ziehen Sie diese auf beiden Seiten ordentlich fest.

Erinnern Sie sich noch an den Traum, bei dem Sie durch den Wald in der Nähe von Sansibar schlenderten und all den Äffchen zusahen? Diese Tasche lässt ihn Wirklichkeit werden.

Mailänder Impressionen

Dieser schicke Shopper aus Veloursamt kombiniert edlen Krokobesatz mit einer Stickerei im gleichen Muster. Toll als Reisetasche oder als Begleiter auf Mailands Shoppingmeile, dem Corso Vittorio Emanuele. Die glänzenden lackschwarzen Bambusgriffe bilden einen schönen Kontrapunkt zum weichen Samt.

Fertige Größe

circa 30 x 40 cm

Stoffe und Zubehör

- beigefarbener Veloursstoff, 45 x 135 cm
- gleichfarbige Dupionseide, 45 x 135 cm
- Kroko-Besatz aus Kunststoff, 15 x 42,5 cm (2 x)
- Verstärkervlies zum Aufbügeln
- Volumenvlies
- 4 Bogen Schneider-Kopierpapier
- passendes Nähgarn
- 30er Stickgarn in Beige und Schwarz
- Alleskleber, Sprühzeitkleber
- 2 glänzend schwarze Bambusgriffe
- Ledernadel
- 100er Maschinennadel*
- Stecknadeln, Schere
- Schnittmuster

*Wählen Sie eine für den Velours passende Nadel aus. Dies kann je nach Maschine auch eine andere Stärke sein.

Vorbereitung

1. Zuschnitt wie folgt:
- 2 x Velours wie Abb. 4.100. Vergrößern Sie das Bild auf: Unterkante 40 cm, Oberkante 49 cm, mittlere Höhe 34 cm, seitliche Höhe 26 cm (1.1)
- 2 x Dupionseide wie in 1.1 (Futter)
- 2 x Verstärkervlies zum Aufbügeln
- 2 x Volumenvlies (Futter)
- 4 x Kopierpapier wie in 1.1
- 2 x Kroko-Imitat-Streifen wie Abb. 4.98. Vergrößern auf: Länge 40 cm, Höhe 11 cm
- 2 x Velours-Streifen, 5 x 15 cm (Schlaufen)

2. Rund um die Vliesstücke 1,25 cm für die Nahtzugabe wegschneiden.

3. Linke Seite der Futterstücke mit Sprühzeitkleber einsprühen. Legen Sie sie auf die Volumenvliese. Glätten.

4. Legen Sie die Velours-Stücke linksseitig auf das Aufbügelvlies. Aufbügeln. Gibt es mit dem Velours beim Aufbügeln Probleme, benutzen Sie Sprühzeitkleber. Vorher ausprobieren, ob das Spray auf die andere Seite durchschlägt.

5. Übertragen Sie das Muster vom Krokostreifen auf das Kopierpapier. Füllen Sie mit dem Muster nach Belieben die ganze Fläche aus. Legen Sie die Papiere auf Velours und Seide. Feststecken.

Schneiden Sie das Kroko-Imitat passend zu und nähen Sie es auf.

Tipp!

Es gibt verschiedene Möglichkeiten, wie Sie das Kroko-Imitat auf die Tasche nähen können. Da das Imitat die Beschaffenheit von Leder hat, ist es möglich, dass die Maschine hängen bleibt. Sie müssen also ausprobieren, was am besten funktioniert. Nähen Sie vorher ein paar Musterstücke.

Der kleine Kick

1. Fädeln Sie das beigefarbene Stickgarn ein. In die Unterspule kommt passendes Nähgarn.

2. Arbeiten Sie mit dem Freihand-Stickfuß und versenken Sie den Transporter.

3. Nähen Sie an den Linien auf dem Papier entlang.

4. Danach reißen Sie das Papier ab.

5. Streichen Sie den im Muster zugeschnittenen Kroko-Streifen in der Mitte mit Alleskleber ein. Drücken Sie ihn an der Unterkante der Velours-Stücke fest. Antrocknen lassen.

6. Fädeln Sie das schwarze Stickgarn ein. In die Unterspule kommt passendes Nähgarn. Benutzen Sie eine Ledernadel.

7. Fahren Sie fort wie unter A bzw. B beschreiben.

A. Arbeiten Sie mit dem Freihand-Stickfuß. Versenken Sie den Transporter. Nähen Sie langsam um den Umriss des Kroko-Streifens herum wie in Abb. 4.98. Halten Sie dabei den Stoff straff gespannt, die Stichlänge setzen Sie hingegen ein wenig herauf. Sollte dies nicht funktionieren, legen Sie Kopierpapier über den Streifen, sodass Sie den Umriss noch sehen können. Entfernen Sie das Papier.

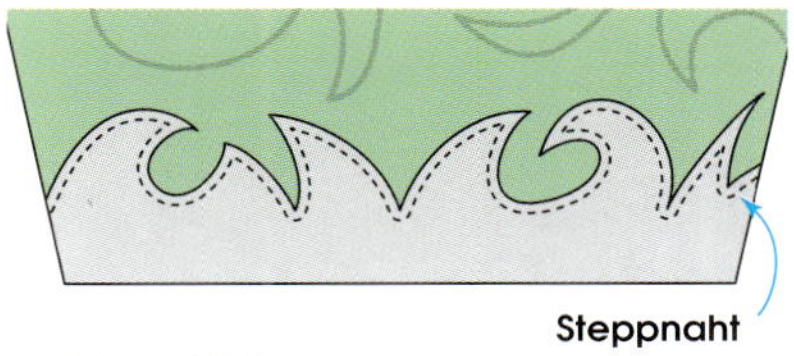

Abb. 4.98

B. Setzen Sie einen Teflonfuß ein und die Stichlänge herauf. Der Transporter muss versenkt werden. Steppen Sie um den Umriss wie in Abb. 4.98.

Zusammennähen

1. Legen Sie die beiden Velours-Stücke rechts auf rechts aufeinander. Feststecken und die Seitennähte mit 1,25 cm Zugabe schließen. Säume aufbügeln. Unterkante mit 1,25 cm Zugabe schließen und Saum aufbügeln.
2. Falten Sie die Ecken auf (Seite 17), messen Sie 5 cm nach innen. Quernaht setzen.
3. Nach rechts wenden.
4. Legen Sie die beiden Seiden-Stücke rechts auf rechts aufeinander. Schließen Sie die Seitennähte mit 1,25 cm Zugabe. Säume aufbügeln. Schließen Sie die Unterkante mit 1,25 cm Zugabe. Lassen Sie eine 15 cm breite Öffnung.
5. Falten Sie die Ecken auf, messen Sie 5 cm nach innen und setzen Sie eine Quernaht.

Schlaufen

1. Die Velours-Streifen längs rechts auf rechts falten. Mit 1,25 cm Zugabe säumen. Versäubern. Aufbügeln. Wenden. In 4 Teile von 7,5 cm Länge schneiden.
2. Stücke doppelt legen. Feststecken. Die Mitte Oberkante der Seidentasche markieren. Abstand zwischen Griffbügeln messen. Durch 2 teilen. Von der Stecknadel rechts und links nach außen messen. Markieren.
3. Schlaufen bündig an der Schnittkante festheften wie in Abb. 4.99.
4. Prüfen Sie den richtigen Sitz der Schlaufen, indem Sie probehalber den Griff anlegen.

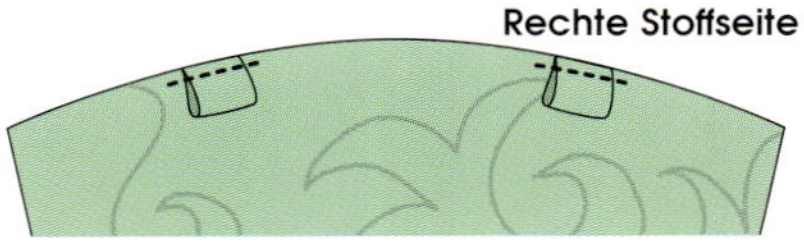

Abb. 4.99

Zu guter Letzt

1. Stecken Sie die Velours-Tasche rechts auf rechts in die Futtertasche wie in Abb. 4.100.
2. Oberkante feststecken und mit 1,25 cm Zugabe säumen. Zugabe auf 0,5 cm kürzen.
3. Zugabe an der Rundung einschneiden.
4. Wenden Sie die Tasche durch die Öffnung im Futterstoff wie Abb. 4.101.
5. Fädeln Sie das beigefarbene Stickgarn und einen passenden Faden in der Unterspule ein. Setzen Sie an der Oberkante eine 1 cm breite Naht. Montieren Sie die Griffe nach Anleitung.

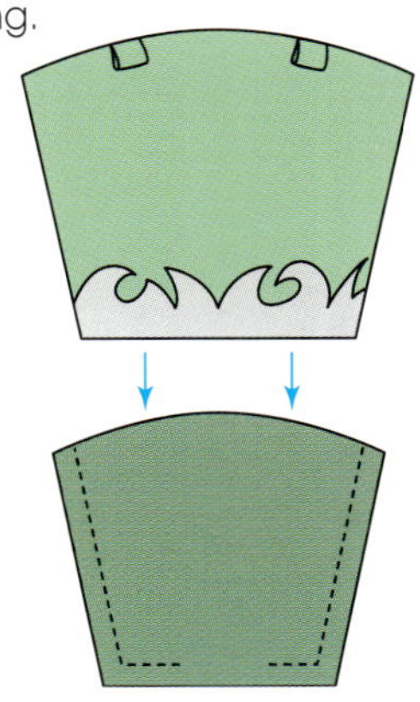

Abb. 4.100

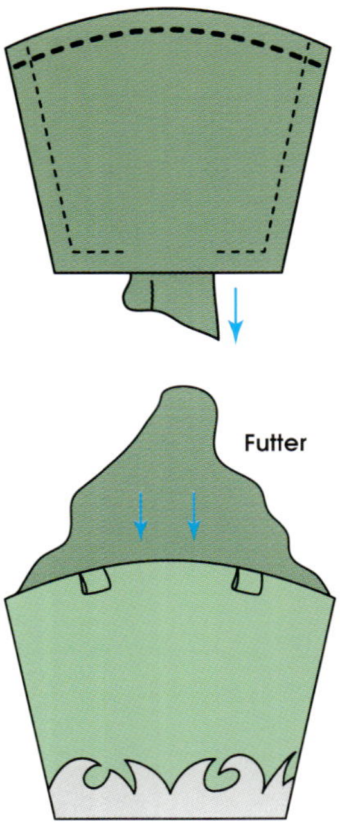

Abb. 4.101

Hier sind die glänzend schwarzen Bambusgriffe auch noch mit Quasten geschmückt.

Ein Trip nach St. Moritz

Diese luxuriöse Tasche ist etwas für Webpelz-Liebhaber. Der Fell-Effekt wird noch verstärkt, indem das Gewebe gegen den Strich verarbeitet wird, sodass die Haarspitzen nach unten zeigen. Für Griffe und Besatz habe ich goldfarbenes Leder-Imitat verwendet. Die Griffe werden durch Plastikstege verstärkt.

Fertige Größe

circa 40 x 45 cm

Stoffe und Zubehör

- Webpelz, 90 x 130 cm
- Baumwollfutter, 90 x 140 cm
- passendes Schrägband, 3 cm breit, 30 cm
- Stabilisator zum Aufbügeln
- goldfarbenes Leder
- 2 Plastik-Griffstege von 0,5 cm Durchmesser, Länge 40 cm
- Reißverschluss, 17,5 cm
- Wäscheklammern
- Ledernadel, Nadel mit Rundspitze
- passendes Nähgarn
- Nähgarn für den Ledergriff
- Bügeleisen
- Stecknadeln, Schere
- Schnittmuster

Tipp!

Schneiden Sie den Webpelz draußen zu, da er viele Haare verliert.

Tipp!

Das Leder für die Griffe sollte etwa Jackenqualität besitzen. Verwenden Sie dünneres Leder, sollten Sie dieses doppelt nehmen oder die Maße anpassen.

Vorbereitung

1. Zuschnitt wie folgt:

- 1 x Webpelz*, 86 x 42 cm (1.1)
- 1 x Baumwolle wie in 1.1 (Futter)
- 1 x Stabilisator wie in 1.1 (Futter)
- 1 x Baumwolle, 50 x 25 cm (Taschenbeutel)
- 1 x Schrägband, 25 cm
- 1 x Lederstreifen, 5 x 87,5 cm (Besatz)
- 2 x Lederstreifen, 5 x 45 cm (Griffe)

*Den Webpelz schneiden Sie mit einer scharfen Schere von hinten. Schneiden Sie flach, sodass Sie nur das Gewebe durchtrennen, nicht den Pelz.

Tipp!

Dieses einteilige Schnittmuster wurde besonders für Stoffe entwickelt, bei denen Säume störend wirken.

2. Schneiden Sie am Webpelz-Stück rundherum den Pelz von der 1,25 cm breiten Zugabe wie in Abb. 4.102. Benutzen Sie eine scharfe Schere und arbeiten Sie unmittelbar über dem Gewebe. Bügeln Sie das Vlies links auf den Futterstoff.

Abb. 4.102

Tasche

1. Taschenbeutel rechts auf rechts legen. An der oberen Schmalseite 2,5 cm überstehen lassen. Seitennähte mit 1,25 cm Zugabe bis 2,5 cm unterhalb der unteren (hochgeklappten) Schnittkante schließen.

2. Taschenbeutel auf der linken Seite des Futters feststecken. Taschenschlitz (25 cm) ins Futter schneiden. Unterkante der Taschenöffnung auf rechte Seite ziehen. Einschlagen. Säumen.

3. Oberkante des Taschenbeutels auf die rechte Seite ziehen. Umschlagen. Säumen.

4. Äußere Ecken mit Steppstich vernähen. Über die hintere Kante des Taschenschlitzes Schrägband legen und feststeppen.

Reißverschluss

1. Legen Sie den Reißverschluss geöffnet unter den Schlitz. Rundherum durch alle Lagen feststecken.

2. Setzen Sie den Reißverschlussfuß ein und nähen Sie ihn an wie üblich. Beginnen Sie an einem Ende und nähen Sie rundherum wie in Abb. 4.103. Ecken verstärken.

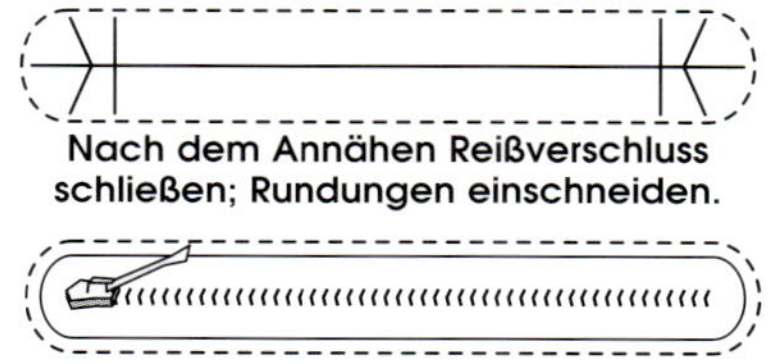

Abb. 4.103

Zusammennähen

1. Legen Sie die rechte Seite des Taschenquadrates auf die linke Seite des Futters wie in Abb. 4.104. Nähen Sie einen 0,5 cm breiten Saum rundherum.

2. Legen Sie den Futterstoff doppelt rechts auf rechts. Schließen Sie die Längsnaht mit 1,25 cm Zugabe. Kürzen Sie die Zugabe auf 0,5 cm und bügeln Sie sie auf. Schließen Sie den unteren Saum mit 1,25 cm Zugabe. Kürzen und aufbügeln.

3. Falten Sie die Ecken auf, messen Sie 5 cm nach innen. Quernaht setzen (Seite 17). Ecken nach unten umschlagen und festnähen.

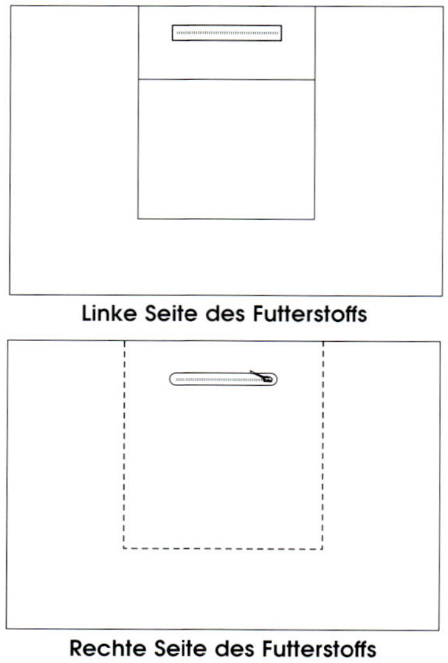

Abb. 4.104

4. Setzen Sie die Rundnadel ein.

5. Legen Sie den Webpelz doppelt rechts auf rechts. Schließen Sie die Längsnaht mit 1,25 cm Zugabe. Kürzen Sie die Zugabe auf 0,5 cm und bügeln Sie sie auf. Schließen Sie den unteren Saum mit 1,25 cm Zugabe. Versäubern und aufbügeln.

6. Falten Sie die Ecken auf, 5 cm nach innen messen. Quernaht setzen.

7. Nach rechts wenden.

8. Stecken Sie die Futtertasche links auf links in die Außentasche. Die Längsnähte liegen aufeinander. Oberkante feststecken.

Besatz

1. Legen Sie den Besatzstreifen um die Oberkante. Rechte Seite liegt auf dem Webpelz. Beginnen Sie an der rückwärtigen Naht. Mit Wäscheklammern fixieren. Lassen Sie das Leder 1,25 cm überlappen.

2. Setzen Sie die Stichlänge der Maschine herauf und nähen Sie mit der Ledernadel um die Oberkante herum. Zugabe 1,25 cm. Halten Sie alle Lagen gut stramm, während Sie sie durchlaufen lassen. Naht nicht versäubern.

3. Falten Sie das Leder über die Schnittkanten nach innen wie in Abb. 4.105. Die Schnittkante des Lederstreifens liegt unter dem Saum an der Oberkante.

4. Mit dem Reißverschlussfuß steppen Sie nahe am Saum entlang wie in Abb. 4.106. Achten Sie darauf, dass Sie auch das Leder mitnehmen.

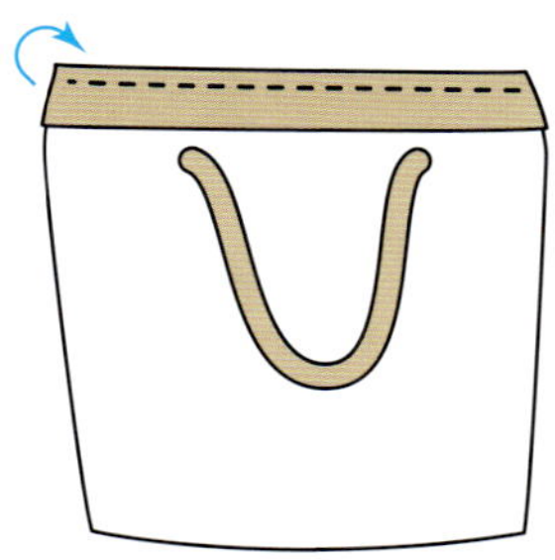

Abb. 4.105

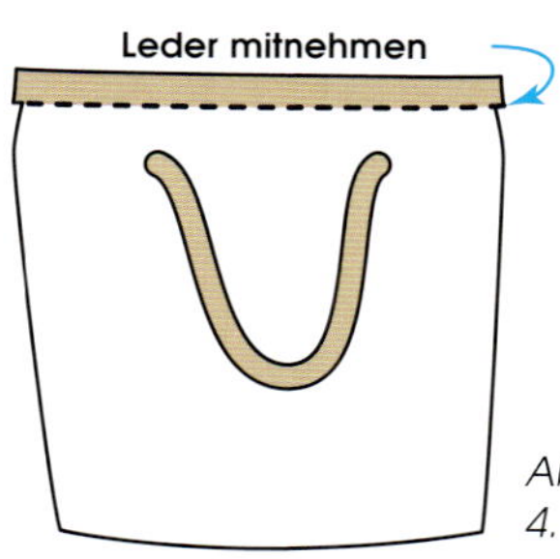

Abb. 4.106

Griffe

1. Markieren Sie die Ansatzpunkte vorne und hinten mit vier Stecknadeln. Falten Sie die Lederstreifen längs links auf links. Mit Wäscheklammern fixieren.

2. Nähen sie einen 1-cm-Saum. Lassen Sie an jedem Ende 1,25 cm ungesäumt. Die Nähte mit Rückstich sichern. Bei beiden Streifen.

3. Versäubern Sie den Saum sorgfältig auf 0,5 cm. Führen Sie den Plastikgriff ein wie in Abb. 4.107.

4. Legen Sie ein Griffende auf der linken Vorderseite auf und nähen Sie es fest. Nähen Sie dann ein zweites Mal über die Naht. Stecken Sie eine Nadel gerade durch bis zur Rückseite. Fixieren Sie dort ein Ende des zweiten Griffs. Festnähen. Auf der rechten Taschenseite wiederholen.

Abb. 4.107

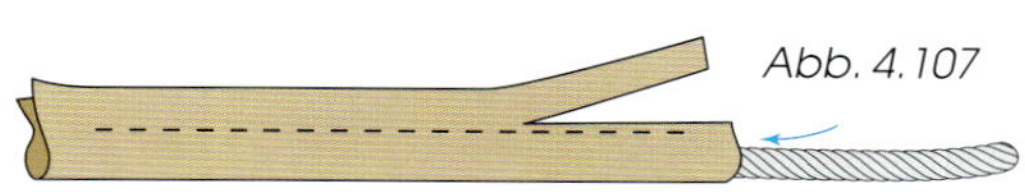

Orangen-blüten

Diese Tasche wurde aus einem wunderschönen Obi geschaffen. Der Obi ist der breite Gürtel, den die Japaner traditionell über ihrem Kimono tragen. Bei diesem hier wurde mit eingewebtem Metallfaden ein besonderes Design geschaffen. Da er 30 cm breit und viel zu schön zum Zerschneiden war, musste ich ihn quasi einrahmen. Ich habe dafür orangefarbene Seide und schwarze Viskoseborte gewählt. Die Seidenstücke werden mit der Borte verziert, die Ecken werden mit dreifach nebeneinander gelegter Borte verstärkt. Dazu kommen noch lackschwarze Bambusgriffe, sodass eine wirklich elegante Tasche entsteht. Das Futter ist aus sehr feiner, schwarzer Baumwolle.

Fertige Größe

circa 33,5 x 37,5 cm

Stoffe und Zubehör

- Obi, 42,5 x 90 cm oder passendes Stoffstück
- orangefarbene Dupionseide, 45 x 135 cm
- schwarze Baumwolle, 45 x 14 cm
- Stickvlies zum Abreißen
- Volumenvlies
- Gewebevlies zum Aufbügeln
- 2 lackschwarze Bambusgriffe
- schwarze Viskoseborte, 270 cm
- 2 Bogen Schneider-Kopierpapier
- zum Obi passendes Nähgarn
- schwarzes Stickgarn
- Sprühzeitkleber
- Sicherheitsnadel
- Stecknadeln
- Schere
- Schnittmuster

Vorbereitung

1. Zuschnitt wie folgt:
- 1 x Dupionseide, 86 x 42 cm (1.1)
- 1 x Baumwolle wie in 1.1 (Futter)
- 2 x Volumenvlies wie in 1.1
- 1 x Stickvlies zum Abreißen wie in 1.1
- 1 x Baumwollstreifen, 5 x 30 cm
- 1 x Obi, 30 x 42,5 cm
- 1 x Gewebevlies, 30 x 42,5 cm

2. Vergrößern Sie Abb. 4.108 auf 86 x 42 cm. Übertragen Sie das Muster auf 2 Bogen Kopierpapier.

3. Besprühen Sie die Dupionseide linksseitig mit Zeitkleber. Legen Sie das Volumenvlies darauf. Gleichmäßig glätten.

4. Besprühen Sie die linke Seite der Baumwolle mit Zeitkleber. Legen Sie das Volumenvlies darauf. Glätten.

5. Stecken Sie einen Bogen Musterpapier auf der Seide, den anderen auf der Baumwolle fest.

Der kleine Kick

1. Benutzen Sie den Freihand-Stickfuß und fädeln Sie das Stickgarn ein.

2. Nähen Sie zuerst die Baumwolle an den geschwungenen Linien des Musters entlang.

3. Reißen Sie das Papier ab, wenn Sie fertig sind.

4. Wiederholen Sie den Vorgang beim Seidenstück.

5. Legen Sie das Stickvlies unter die gequiltete Seide. Durch alle Lagen feststecken.

6. Stecken Sie die schwarze Kordel auf der Naht fest. Achten Sie darauf, dass die Kordel nicht zu streng sitzt, damit das Gewebe hinterher an der Naht nicht „aufsteht". Heften Sie die Kordel fest, bevor Sie sie abschneiden.

7. Nähen Sie langsam durch die Mitte der Borte wie in Abb. 4.108.

8. Ist das Stoffstück fertig, reißen Sie das Stickvlies ab. Ziehen Sie an den Nähten, dann geht der Rest leicht von selbst ab. Heftstiche entfernen.

9. Legen Sie das Seidenstück doppelt rechts auf rechts. Schließen Sie die rückwärtige Naht mit 1,25 cm Zugabe. Schneiden Sie das Vlies an der Naht weg. Aufbügeln.

Abb. 4.108

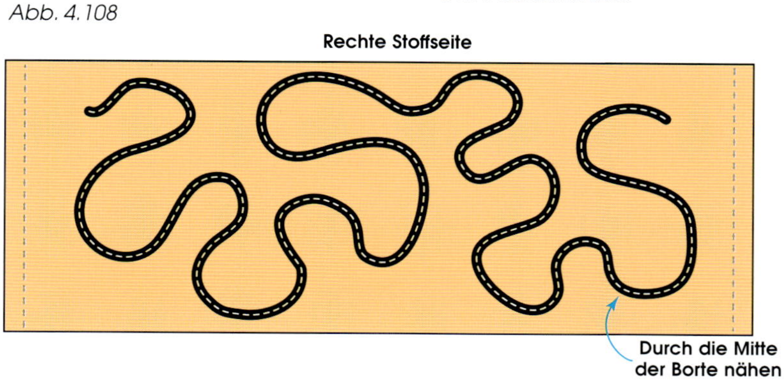

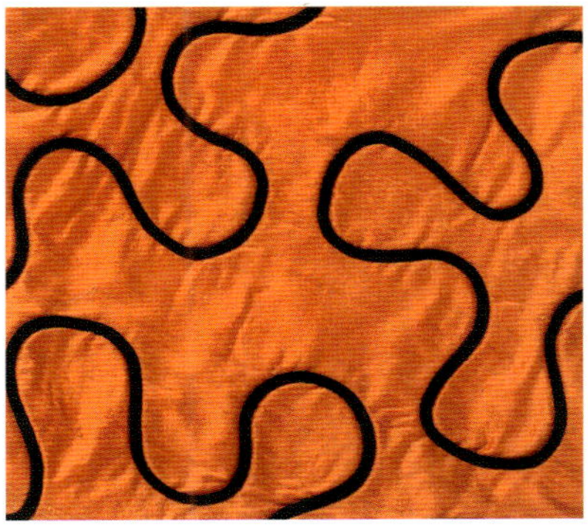

Am Ende trennen Sie die Heftstiche auf, die die Borte an ihrem Platz hielten.

10. Nach rechts wenden.
11. Legen Sie die Klebeseite des Gewebevlieses auf die linke Seite des Obi. Mit Bügeltuch aufbügeln. Abkühlen lassen. Papier entfernen.
12. Legen Sie den Obi links auf rechts mittig auf das Seidenstück. (Die rückwärtige Naht liegt genau mittig.) Feststecken. Bügeln.
13. Stecken Sie auf einer Längsseite des Obi eine Reihe schwarzer Borte fest. Anheften. Stecken Sie rechts und links davon je eine weitere Borte fest. Anheften. Nähen Sie die Reihen fest.
14. Nähen Sie immer durch die Mitte der Borte. Dasselbe auf der anderen Seite des Obi. Leicht mit Bügeltuch glatt bügeln.

Zusammennähen

1. Wenden Sie das Seidenstück nach links. Legen Sie es rechts auf rechts doppelt. Unterkante feststecken und mit 1,25 cm Zugabe nähen. Vlies an der Zugabe wegschneiden und Saum aufbügeln. Falten Sie die Ecken auf. Messen Sie 5 cm nach innen. Quernaht setzen.
2. Nach rechts wenden.
3. Legen Sie die Baumwolle doppelt rechts auf rechts. Feststecken und die Seitennaht mit 1,25 cm Zugabe schließen. Vlies am Saum wegschneiden. Naht aufbügeln. Unterkante mit Zugabe schließen, dabei 17,5 cm breite Öffnung lassen. Versäubern und aufbügeln.

Schlaufen

1. Falten Sie den Baumwollstreifen längs rechts auf rechts. Längsnaht mit 1,25 cm Zugabe schließen.
2. Mit Sicherheitsnadel nach rechts wenden. Saum mit den Fingern nach einer Seite pressen.
3. In 4 Stücke zu 7,5 cm Länge schneiden.
4. Jedes der Stücke doppelt legen und feststecken.
5. Die Mitte der Tasche vorne und hinten mit Stecknadel markieren. Abstand zwischen Griffbügeln messen und durch 2 teilen. Diesen Abstand von der Mitte aus rechts und links nach außen messen und markieren. Mittlere Stecknadel entfernen.

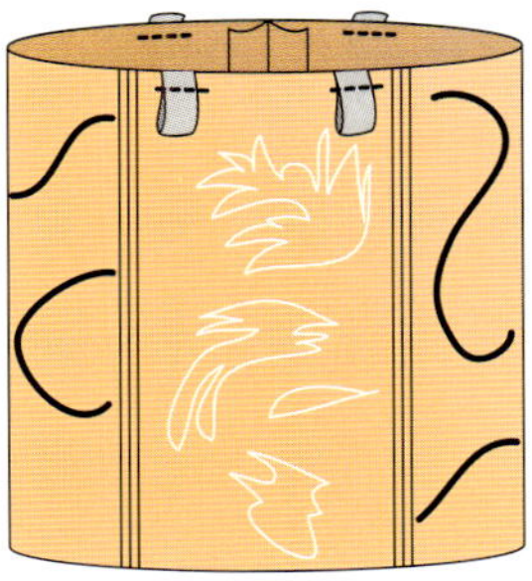

Abb. 4.109

6. An jeder Markierung außen eine Schlaufe feststecken. Schnittkante auf Schnittkante wie in Abb. 4.109. Festheften.
7. Stecken Sie die Seidentasche rechts auf rechts in die Futtertasche wie in Abb. 4.101. Oberkante Schnittkante auf Schnittkante feststecken und mit 1,25 cm Zugabe schließen. Zugabe auf 0,5 cm kürzen. Naht versäubern.

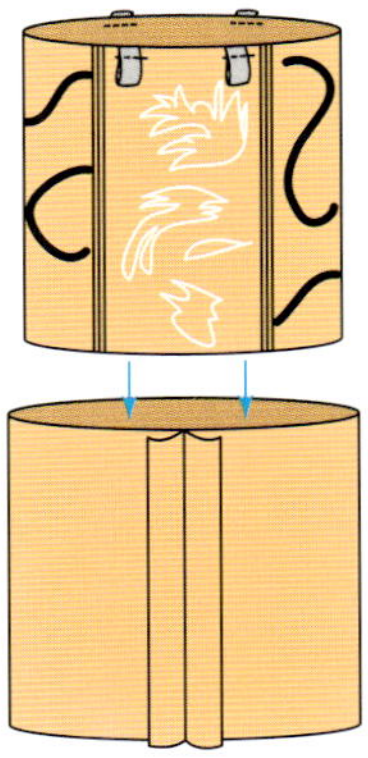

Abb. 4.110

8. Durch die Öffnung in der Futtertasche nach außen wenden wie ein Abb. 4.111. Die Öffnung mit Blindstich schließen. Das Futter innen ausstreichen. Oberkante der Tasche glatt bügeln.

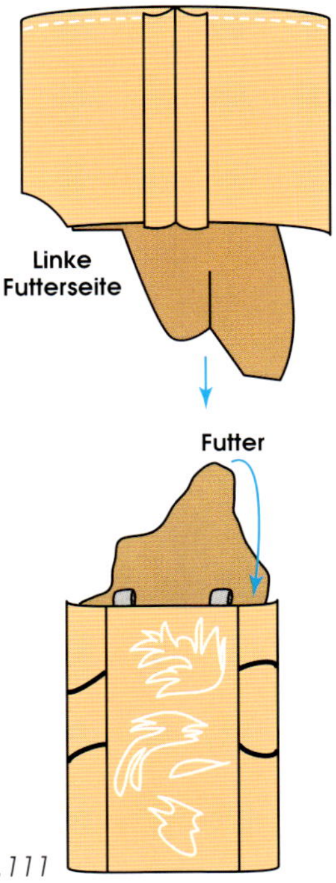

Abb. 4.111

9. Lösen Sie die Griffschrauben. Führen Sie den Haltebügel durch die Schlaufe. Stecken Sie den Griff in den Haltebügel, schließen Sie die Schraube.

Marrakesch

Dieser eher schwere Gobelin eignet sich gut zur Kombination mit grauer und rotbrauner Seide. Eine Seite ist mit Kokosnussknöpfen verziert, die andere mit asiatischen Münzen. Wer sagt denn, dass Sie sich entscheiden müssen?

Fertige Größe

circa 32,5 x 30 cm

Stoffe und Zubehör

- Gobelin mit Äffchenmuster, 45 x 135 cm
- graue Dupionseide, 60 x 135 cm
- rotbraune Dupionseide, 25 x 135 cm
- Volumenvlies
- 9 Kokosnussknöpfe von 2,5 cm Durchmesser
- 5 asiatische Münzen
- schwarze Viskoseborte, 37,5 cm
- 2 Bambusgriffe, 12,5 cm Breite
- passendes Nähgarn
- Dekogarn aus Polyester bzw. Rayon
- Sprühzeitkleber
- Stecknadeln, Schere
- Schnittmuster

Tipp!

Die Größe des Bambusgriffes bestimmen Sie, indem Sie den Abstand zwischen der Mitte der Griffbiegung rechts und links messen. In unserem Fall beträgt der Abstand 12,5 cm. Sollte Ihr Griff größer sein, schneiden Sie das Schnittmuster in der Mitte durch und geben die Differenz zu. Auch der Ansatz der Knöpfe muss dann neu berechnet werden.

Vorbereitung

1. Zuschnitt wie folgt:

- 2 x Gobelin wie Abb. 4.115. Vergrößern Sie das Bild auf: Unterkante 30 cm, Oberkante 39 cm, mittlere Höhe 22 cm, Höhe mit Griffen 37 cm, Griffmulde 7 cm
- 2 x graue Dupionseide wie oben (Futter)
- 2 x Volumenvlies wie oben (Futter)
- 1 x braune Dupionseide wie Abb. 4.112. Vergrößern auf: Oberkante 30 cm, Unterkante 28 cm, Höhe 9 cm
- 3 x graue Dupionseide wie Abb. 4.112.
- 2 x Volumenvlies für Streifen

2. Markieren Sie an der Oberkante des Besatzstreifens den Sitz der Knöpfe bzw. Münzen: in je 5 cm Abstand. Auf beiden Seidenstreifen.

3. Sprühen Sie das Futter linksseitig mit Kleber ein. Vliesstücke auflegen. Glätten.

4. Besprühen Sie zwei graue Besatzstreifen linksseitig mit Kleber, Vliese auflegen. Glätten.

Der kleine Kick

1. Benutzen Sie den Freihandstickfuß ohne Transporter. Dekogarn einfädeln. Fixieren Sie mit Zierstich in geschwungenen Linien alle Vliese auf der Seide.

2. Nähen Sie auf den nicht gevliesten grauen Streifen die Kokosnussknöpfe auf wie in Abb. 4.112.

3. Borte in 7,5 cm lange Stücke schneiden. Je 1 Streifen durch die Münzen fädeln. Doppelt legen und an der braunen Seide anheften wie in Abb. 4.113.

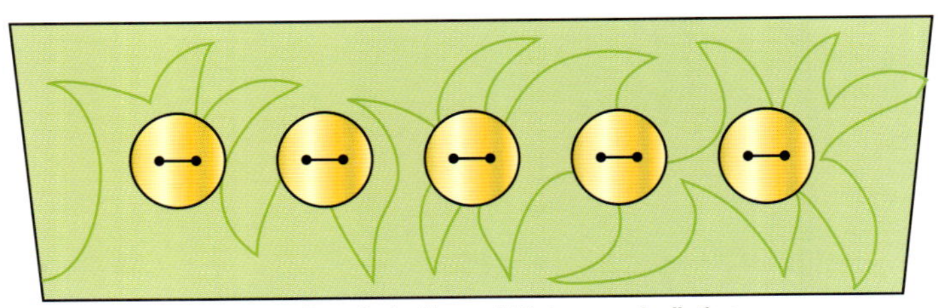

Unterer Besatzstreifen mit Kokosnussknöpfen

Abb. 4.112

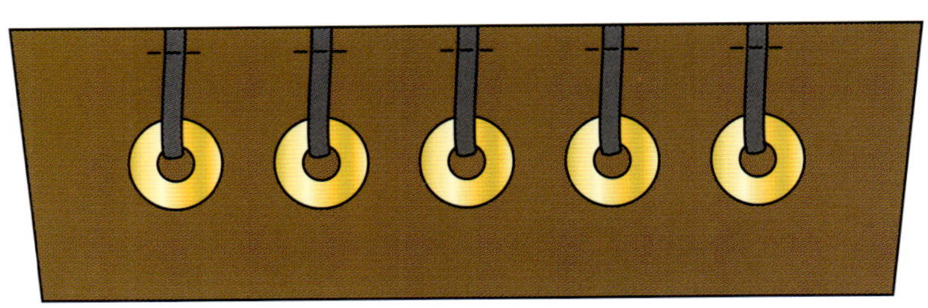

Abb. 4.113

Zusammennähen

1. Legen Sie den braunen Seidenstreifen passgenau rechts auf rechts auf die Unterkante eines Gobelins wie in Abb. 4.114. Nähen. Saum versäubern und Richtung Seide aufbügeln.

2. Legen Sie den grauen Seidenstreifen mit Knöpfen auf das andere Stück Gobelin. Festnähen. Saum versäubern, aufbügeln wie oben.

3. Nähen Sie die beiden gevliesten Seidenstreifen links auf links auf die Streifen.

4. Legen Sie die Gobelinstücke mit den Streifen rechts auf rechts aufeinander. Feststecken. Seitennähte mit 1,25 cm Zugabe schließen. Versäubern und aufbügeln. Oberkante mit 1,25 cm Zugabe schließen. Nicht versäubern oder aufbügeln. Schließen Sie nun die Unterkante und bügeln Sie den Saum zur braunen Seide hin um.

5. Nach rechts wenden.

6. Legen Sie die gevliesten Seidenstücke rechts auf rechts aufeinander. Feststecken. Seitennähte mit 1,25 cm Zugabe schließen. Zugabe auf 0,5 cm kürzen. Überstehendes Vlies wegschneiden. Säume aufbügeln. Unterkante schließen und eine Öffnung von 12,5 cm lassen. Versäubern und Naht aufbügeln.

7. Stecken Sie nun die Außentasche rechts auf rechts in die Innentasche. Die Seitennähte liegen aufeinander. Die Naht zwischen Futterstreifen und oberem Futter wird mit Blindstich geschlossen. Oberkanten feststecken und mit 1,25 cm Zugabe aufeinander nähen. Setzen Sie unmittelbar neben der ersten Naht eine zweite auf die Zugabe. Versäubern Sie die Zugabe auf 0,5 cm. Zugabe an den Rundungen einschneiden. Nicht den Saum durchtrennen!

8. Wenden Sie die Tasche durch die Öffnung nach rechts. Öffnung mit Blindstich verschließen.

Tipp!

Gobelin ist locker gewebt.
Da diese Tasche viele Rundungen aufweist, ist es besser, die Naht zu doppeln, damit der Stoff nicht ausfranst.

Abb. 4.114

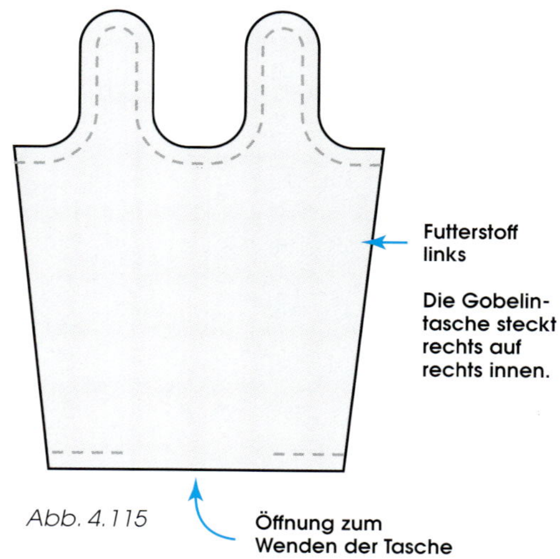

Abb. 4.115

Griffe

1. Falten Sie die oberen Schlaufen über den Griffansatz.

2. 6 cm nach innen einschlagen und so festnähen, dass die Naht von der Außenseite nicht sichtbar ist.

3. Nähen Sie auf der Innenseite einen Kokosnussknopf auf die Lasche.

Kokosnussknöpfe, asiatische Münzen und ein Urwaldmuster machen aus dieser Tasche ein Prachtstück.

Domino

Diese Wendetasche aus schwarz und weiß gemustertem Streifenpatchwork trägt auf dem Innenfutter ein Tiermotiv zur Schau. Verziert ist sie mit beschwingten schwarzen Quasten. So können Sie nach Büroschluss noch elegant essen gehen.

Fertige Größe

circa 27,5 x 37,5 cm

Stoffe und Zubehör

- 8 verschieden gemusterte Baumwollstoffe in Schwarz-Weiß (SW), jeder 25 x 90 cm
- schwarze Baumwolle, 45 x 140 cm
- Baumwolle mit Tiermotiv, 60 x 140 cm
- weiße Baumwolle, 60 x 140 cm
- Volumenvlies
- 2 Bambusgriffe
- 8 schwarze Quasten
- 2 Bogen Stickvlies zum Abreißen
- passendes Nähgarn
- dekoratives Stickgarn
- Maßband
- Sprühzeitkleber
- Sicherheitsnadel
- Stecknadel, Schere
- Schnittmuster

Vorbereitung

1. Zuschnitt wie folgt:

- je 2 x Baumwollstreifen SW, 10 x 65 cm (insgesamt 16 Streifen)
- 2 x Tierdruck wie Abb. 4.121. Vergrößern auf: Oberkante 25 cm, Unterkante 50 cm, Höhe 31 cm (Futter), 1.1
- 2 x weiße Baumwolle wie 1.1
- 4 x Vlies wie 1.1
- Schrägstreifen aus schwarzer Baumwolle, 10 x 52,5 cm (Besatz)
- Schrägstreifen aus schwarzer Baumwolle, 10 x 30 cm (Schlaufen)

2. Die beiden Futterstück linksseitig mit Kleber einsprühen. Passendes Vlies auflegen. Gleichmäßig glätten.

3. Die beiden Stücke aus weißer Baumwolle mit Kleber einsprühen. Passendes Vlies auflegen. Glätten.

4. Je ein Stickvlies auf die linke Seite der beiden weißen Stücke legen und feststecken. Hierauf wird das Patchwork-Stück appliziert.

5. Legen Sie den ersten SW-Streifen um die Oberkante des Basisstücks. Der Stoff steht links um etwa 5 cm über wie in Abb. 4.116. Auf diese Weise deckt der Streifen auch die breitere Unterseite ab. An der Oberkante feststecken und den Rest von der Unterkante her abschneiden, sodass diese bedeckt ist.

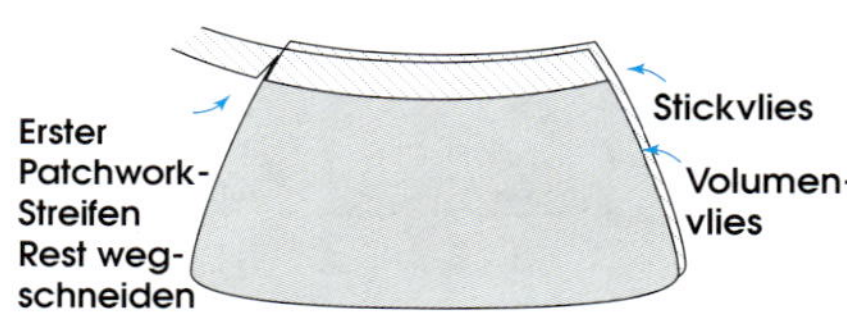

Abb. 4.116

6. Nähen Sie den Stoff an der Oberkante mit 0,5 cm Zugabe an wie in Abb. 4.117.

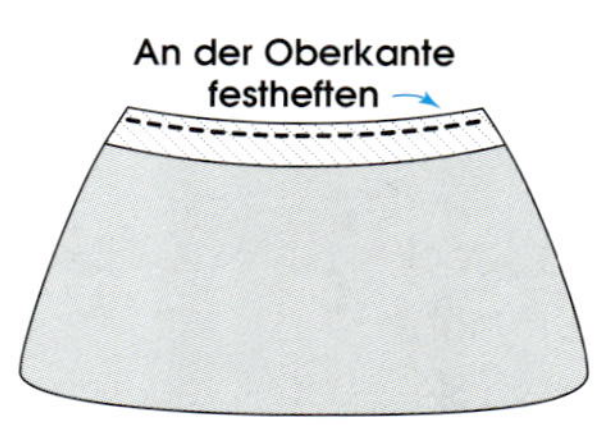

Abb. 4.117

7. Nun legen Sie den zweiten Streifen rechts auf rechts auf den ersten, sodass die Unterkanten überlappen. Auch hier lassen Sie den Streifen links etwa 5 cm länger. Der zweite Streifen zeigt nach oben. Stecken Sie ihn etwa 0,5 cm von der Unterkante nach innen fest. Klappen Sie das Stück nach unten, um zu sehen, ob es auch locker genug sitzt. Wenn das Basisstück sich wellt, stecken Sie den Streifen neu an. Achten Sie darauf, dass der Streifen auch die Seiten des Basisstücks abdeckt.

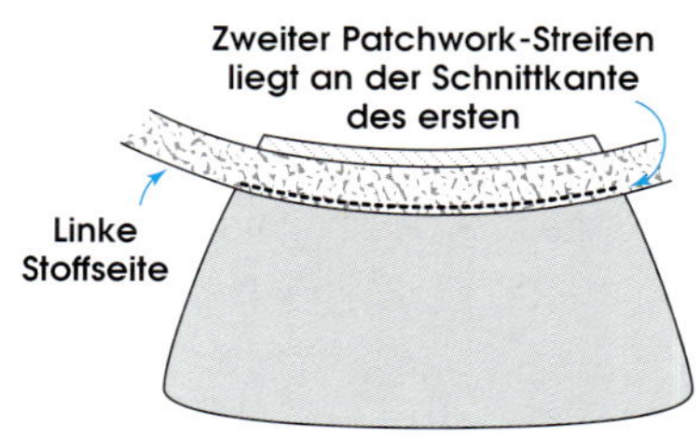

Abb. 4.118

8. Stoffstreifen mit 0,5 cm Zugabe durch alle Lagen über dem anderen festnähen. Saum mit einem kleinen Bügeleisen glätten. Dann Streifen nach unten klappen wie in Abb. 4.119. Glatt bügeln.

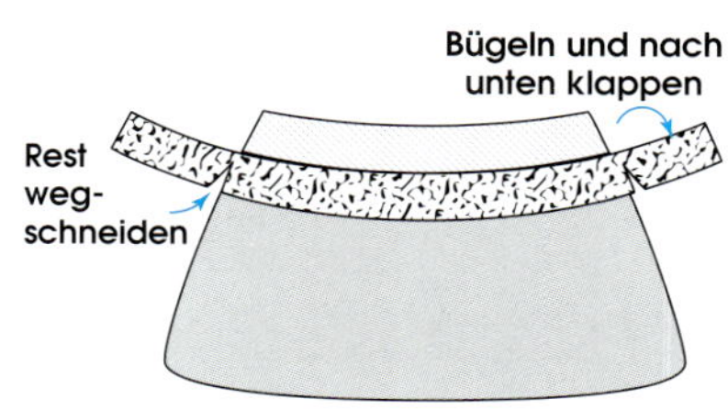

Abb. 4.119

9. Auf diese Weise fortfahren, bis der letzte Streifen appliziert ist. (Siehe Abb. 4.120.) Den letzten Streifen nähen Sie 0,5 cm von der unteren Schnittkante des Basisstücks fest.

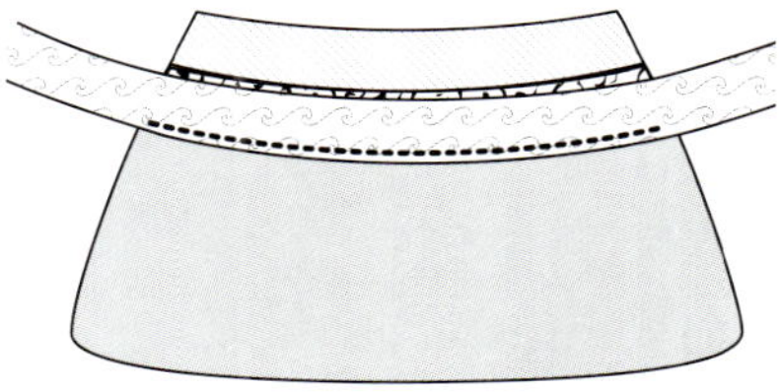

Abb. 4.120

10. Stickvlies abreißen. Vorgang für das zweite Stück wiederholen.

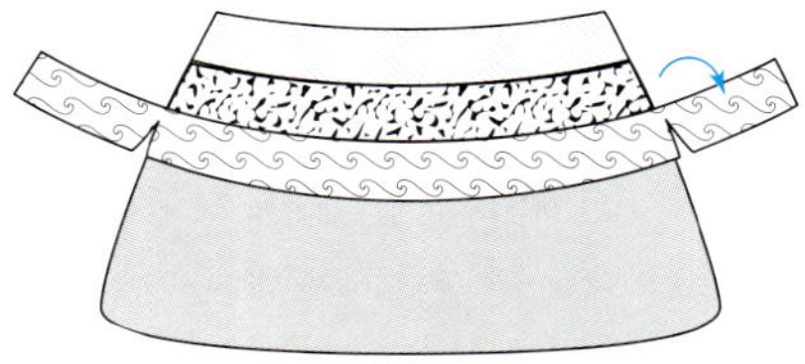

Der kleine Kick

1. Benutzen Sie den Freihand-Stickfuß ohne Transporter. Fädeln Sie das Stickgarn ein. Die beiden Futterstücke mit Zierstich quilten.
2. Falten Sie den 30 cm langen Schrägstreifen längs rechts auf rechts. Längsnaht mit 1,25 cm Zugabe schließen.
3. Mit Sicherheitsnadel wenden. Den Saum mit den Fingern aufpressen.
4. In 4 je 7,5 cm lange Stücke schneiden. Doppelt legen und zusammenstecken.

Zusammennähen

1. Patchwork-Stücke rechts auf rechts aufeinander legen. Die korrespondierenden Streifen an den Seitenrändern liegen exakt aufeinander. Feststecken. Seitennähte mit 1,25 cm Zugabe schließen. Eine zweite Naht neben die erste auf die Zugabe setzen. Zugabe auf 0,5 cm kürzen. Säume auf eine Seite umbügeln. Unterkante mit 0,5 cm Zugabe schließen. Naht auf dieselbe Seite umbügeln wie Seitennaht. Nach rechts wenden.
2. Die beiden gequilteten Futterstücke rechts auf rechts aufeinander legen. Feststecken. Seitennähte mit 1,25 cm Zugabe schließen. Zugabe auf 0,5 cm kürzen, überstehendes Vlies wegschneiden. Säume auf eine Seite umbügeln (anders als Außentasche!). Unterkante mit 0,5 cm Zugabe schließen.
3. Stecken Sie die Futtertasche in die Patchwork-Tasche wie in Abb. 4.121. Seitennähte liegen aufeinander. An der Oberkante zusammenstecken.

Abb. 4.121

4. Markieren Sie die Taschenmitte vorne und hinten mit einer Stecknadel.
5. Messen Sie den Abstand der Griffbügel (hier: 12 cm) und teilen Sie durch 2 (6 cm).
6. Messen Sie von der Stecknadel aus je 6 cm nach links und rechts. Markieren. Mittlere Stecknadel entfernen.
7. Stecken Sie die Schlaufenstücke Schnittkante auf Schnittkante (Abb. 4.110) an der äußeren Oberkante fest. Festheften.

Besatz

1. Messen Sie rund um die Oberkante einen 0,5 cm breiten Saum ab. Geben Sie 1,25 cm zu.
2. Schneiden Sie den zweiten Schrägstreifen auf dieses Maß zu. Falten Sie den Streifen rechts auf rechts. Schließen Sie die kurze Naht mit 0,6 cm Zugabe. Saum aufbügeln.
3. Legen Sie den Streifen rechts auf rechts an die Oberkante der Tasche: Schnittkante auf Schnittkante. Der kurze Saum liegt an einer der Seitennähte. Feststecken und mit 1,25 cm Zugabe annähen.
4. Klappen Sie den Streifen nach innen wie in Abb. 4.122. Schlagen Sie die letzte Schnittkante ein, bis der Besatz an der Außenseite noch etwa 1,25 cm breit ist.

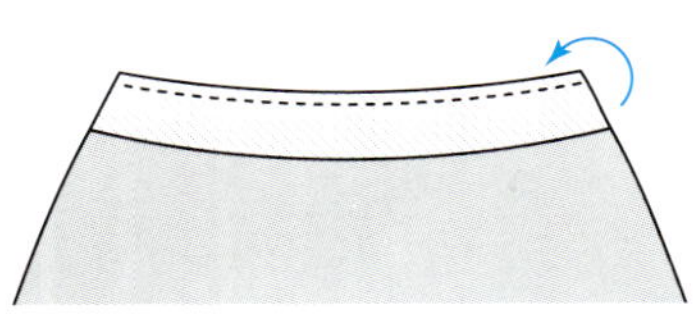

Abb. 4.122

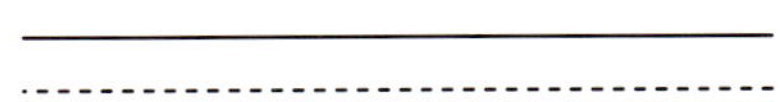

Innensicht

5. Legen Sie die Faltkante auf die Innennaht wie in Abb. 4.123.
6. Schließen Sie sie mit Blindstich.
7. Montieren Sie die Griffe und hängen Sie ein paar fröhliche Quasten dran.

Traum von Tokio

Mit dieser Tasche tragen Sie Geschichte mit sich. Sie besteht aus Streifen von alten Kimonos, die mit schwarzem Baumwollsamt eingefasst sind. Wenn Sie die Tasche vergrößern wollen, müssen Sie nur mehr oder längere Streifen nehmen.

Fertige Größe

circa 19 x 25 cm

Stoffe und Zubehör

- schwarze Baumwolle, 30 x 140 cm
- schwarzer Baumwollsamt, 11 x 135 cm
- Kimonostoff, 45 x 120 cm
- Volumenvlies
- schwarze Viskoseborte, 10 cm
- Magnetverschluss
- Nylon-Stabilisatorgewebe zum Aufbügeln
- Bambus-Knebelknopf
- schwarze Viskosequaste
- passendes Nähgarn
- 2 Bambusgriffe von 10 cm Breite
- Sprühzeitkleber
- Stecknadeln, Schere
- Schnittmuster

Tipp!

Alles, was Sie aus Samtgewebe zuschneiden, muss in eine Richtung geschnitten werden (dem Strich entsprechend). Tun Sie dies nicht, weist Ihre Tasche am Ende zwei Farbtöne auf, weil der Strich das Licht unterschiedlich bricht. Samt muss immer von der Rückseite her gebügelt werden.

Vorbereitung

1. Zuschnitt wie folgt:
- 2 x Baumwolle, 28 x 22 cm (Futter)
- 4 x Samt, 8 x 22 cm
- 8 x Kimonostreifen, 5 x 42,5 cm
- Schrägstreifen, schwarze Baumwolle, 5 x 30 cm (Schlaufen)
- Stabilisator, 7,5 x 7,5 cm (2 x)

2. Markieren Sie den Sitz des Magnetverschlusses auf zwei der Samtteile. Bügeln Sie an den Stellen linksseitig den Stabilisator auf.

3. Zwei kleine Schlitze schneiden und Dorne durchstecken. Dorne zur Seite biegen. Bei beiden Verschlussteilen.

4. Die beiden restlichen Samtteile linksseitig mit Kleber besprühen und auf zwei passend zugeschnittene Vliesstücke legen. Glätten.

Schlaufen

1. Legen Sie den Schrägstreifen längs rechts auf rechts. Längsnaht mit 1,25 cm Zugabe schließen.

2. Mit Sicherheitsnadel wenden. Mit den Fingern den Saum aufstreichen.

3. In 4 Streifen je 7,5 cm Länge schneiden. Doppelt legen und zusammenstecken.

4. An beiden Samtstücken mit Verschluss an der Oberkante die Mitte markieren.

5. Messen Sie den Abstand zwischen den Griffbügeln (hier: 10 cm). Durch 2 teilen (hier: 5 cm).

6. Messen Sie von der Stecknadel aus je 5 cm nach rechts und links. Markieren. Mittlere Nadel entfernen. Schlaufen Schnittkante auf Schnittkante nach unten zeigend auf die rechte Seite auflegen. Feststecken und anheften.

Patchwork

1. Nähen Sie alle Streifen mit je 0,5 cm Zugabe zusammen. Bügeln Sie alle Säume auf eine Seite um.

2. Legen Sie das Patchwork-Stück auf ein Vliesstück gleicher Größe.

3. Quilten Sie mit dem Freihand-Stickfuß und Dekogarn Vlies und Patchwork in schön geschwungenen Linien aufeinander. Der Unterfaden muss zum Dekogarn passen. Quilten Sie nicht zu auffällig, damit die Naht nicht vom Stoff ablenkt.

4. Überstehendes Vlies abschneiden.

5. Stichlänge heraufsetzen (auf etwa 3 mm). Setzen Sie an Ober- und Unterkante des Patchwork-Stücks eine Naht mit 1,25 cm Zugabe. Lassen Sie seitlich rechts und links etwa 10 cm Faden hängen. Naht nicht sichern. Setzen Sie unmittelbar daneben eine zweite Naht auf die Zugabe.

So tragen Sie immer einen Hauch Asien mit sich.

6. Nehmen Sie nun zuerst die Fäden links und ziehen Sie sachte daran, während die andere Hand den Stoff in die andere Richtung schiebt. So kräuseln Sie das Stück bis etwa zur Mitte wie in Abb. 4.124. Wiederholen Sie den Vorgang auf der anderen Seite. Reihen Sie das Stück bis auf 22,5 cm Oberkante. Verteilen Sie die Falten möglichst gleichmäßig. Dasselbe am anderen Ende.

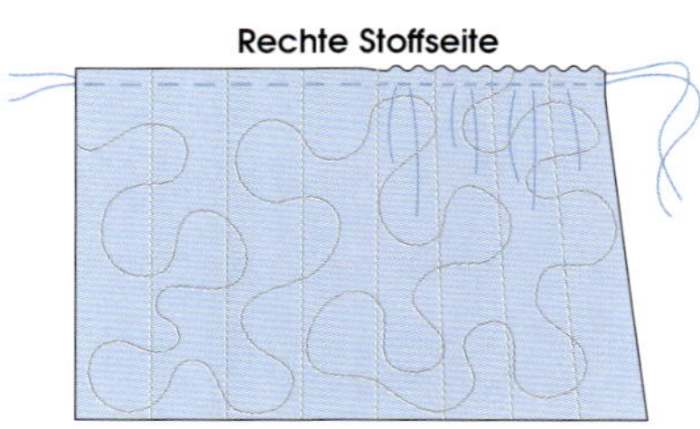

Abb. 4.124

Besatz

1. Ziehen Sie die Borte durch den Knebelknopf und die Quaste. Borte am Besatzstreifen feststecken, dort, wo später die Unterkante zu liegen kommt. Der Knopf baumelt dann unterhalb des Griffes.

Abb. 4.125

2. Stecken Sie das Samtstück rechts auf rechts um die Oberkante des Patchwork-Stückes fest, sodass das Patchwork zu Ihnen weist.

3. Säumen Sie die Kante an der Kräuselnaht entlang. Wiederholen Sie den Vorgang an der Unterkante. Nähen Sie an einem Stück die Borte mit dem Knebelknopf fest.

> **Tipp!**
>
> Bügeln Sie alle Streifen mit Ihrem Mini-Bügeleisen glatt.

Zusammennähen

1. Das Patchwork-Besatz-Stück doppelt der Länge nach rechts auf rechts legen. Die Seitennähte mit 1,25 cm schließen. Ansatznähte für den Besatz liegen aufeinander. Nähte nicht versäubern, aber aufbügeln. Wenden.

2. Nähen Sie die beiden Samtstreifen mit dem Magnetverschluss zu beiden Seiten an den Futterstoff.

3. Falten Sie den Futterstoff längs rechts auf rechts aufeinander. Feststecken. Seitennähte mit 1,25 cm Zugabe schließen. Zugabe auf 0,5 cm kürzen und aufbügeln. Unterkante mit Zugabe schließen, dabei eine 12,5 cm große Öffnung lassen. Nähte versäubern und aufbügeln.

4. Stecken Sie die Patchwork-Tasche rechts auf rechts in die Futtertasche. Oberkante feststecken und mit 1,25 cm Zugabe herumnähen. Zugabe auf 0,5 cm kürzen.

5. Wenden Sie die Tasche durch die Öffnung nach rechts. Schließen Sie die Öffnung mit Blindstich.

6. Streichen Sie die Futtertasche innen glatt. Bügeln Sie von innen her die Öffnung glatt. Nun sieht die Tasche aus wie in Abb. 4.126.

Abb. 4.126

Griffe

1. Entfernen Sie die Schraube von den Griffbügeln.

2. Stecken Sie die Bügel durch die Schlaufen. Anschrauben.

Gallerie

Der schwarze-weiße Hingucker von Jeaniene Dibble prunkt mit schwarzem Perlengriff und Perlen am Besatz.

Gail Saharas schwarze Seidentasche trägt einen Seidenstreifen mit japanischen Blüten und ein Metallic-Band, an dem viktorianische Glasknöpfe baumeln.

Das Modell „Gauguin" von Lindsay Hager wurde aus handgefärbtem und handgewebtem Mischgewebe hergestellt. Auch die Tragekordel wurde selbst getwistet.

Sarah Hochhauser gab diesem schönen Seiden-Shopper eine Perlenfranse und Bambusgriffe mit auf den Weg.

Die in den schönsten Mustern gequiltete Seidentasche Tasche von Sarah Hochhauser hat einen handgefärbten Besatz, der sich zum Griff verlängert.

Lindsay Hagers Modell heißt „I've got the blues", was bei den farbenfrohen blauen Streifen unmöglich ist. Das anspruchsvolle Patchwork macht wirklich gute Laune.

Lindsay Hagers „Twill me" zeigt handgefärbten Viskose-Kett- und Metallic-Schussfaden. Das Innenleben aus Seide, der Perlmuttknopf und die selbst gedrehte Kordel verleihen Pfiff.

„Schatten der Sechziger" nennt Lindsay Hager dieses handgewebte Modell. Das Futter zu dieser edlen Tasche ist natürlich aus Seide.

Pauline House hat hier ein einfaches Baumwoll-Streifenmuster witzig verarbeitet. Passend der Tomatenknopf.

Gail Saharas Tasche: Eine altmodische Borte schmiegt sich an die Blüten des Gobelins. Ein Perlmuttknopf gibt ihr den letzten Pfiff.

Bezugsquellen

Noch ein inspirierendes Stück aus der Hand von Sarah Hochhauser.

Accessoires und Applikationen
- www.bastelideen.com
- www.prym-consumer.com
- www.rayher-hobby.de
- www.smend.de
- www.unionknopf.de

Asiatisches Zubehör / Kimonostoffe
- www.lauramurraydesigns.com
- www.yokodana.com

Autorin:

Stephanie Masae Kimura
P.O. Box 1471
Jensen Beach, FL 34958
USA
www.kimurapatterns.com

Ink Pads
- www.jacquardproducts.com
- www.tsukineko.com

Nähmaschinen und Accessoires
- www.bernina.com
- www.brother.com
- www.husqvarnaviking.com
- www.janome.de

Näh- und Handarbeitsutensilien
- www.ghees.com
- www.guetermann.com
- www.knopfhandel.de
- www.prym-consumer.com
- www.sewing.net
- www.southtrimmings.com

Saris und Borten
- www.hg.design-fashion.com

Schnittmuster
- www.fabric.com
- www.kimurapatterns.com
- www.revisions-ericson.com

Stoffe + Leder
- www.fabric.com
- www.habermanfabrics.com
- www.indobatiks.com
- www.leatherfactory.com
- www.stoffe.de
- www.ticino.de

Vliese
- www.vilene.de
- www.vlieseline.de